国家数字图书馆工程标准规范成果

国家图书馆舆图元数据规范与著录规则

肖　珑　苏品红　姚伯岳　主编

國家圖書館出版社

图书在版编目(CIP)数据

国家图书馆舆图元数据规范与著录规则/肖珑,苏品红,姚伯岳主编. --北京:国家图书馆出版社,2014.2

(国家数字图书馆工程标准规范成果)

ISBN 978-7-5013-5238-8

Ⅰ.①国… Ⅱ.①肖… ②苏… ③姚… Ⅲ.①中国国家图书馆—数字图书馆—地图—元数据—规范②中国国家图书馆—数字图书馆—地图—元数据—著录规则 Ⅳ.①G255.75-65 ②G254.31

中国版本图书馆 CIP 数据核字(2013)第 292345 号

书　　名　国家图书馆舆图元数据规范与著录规则
著　　者　肖珑　苏品红　姚伯岳　主编
丛 书 名　国家数字图书馆工程标准规范成果
责任编辑　高爽

出　　版　国家图书馆出版社(100034　北京市西城区文津街7号)
　　　　　(原书目文献出版社　北京图书馆出版社)
发　　行　010-66114536　66126153　66151313　66175620
　　　　　66121706(传真),66126156(门市部)
E-mail　btsfxb@nlc.gov.cn(邮购)
Website　www.nlcpress.com ——→投稿中心
经　　销　新华书店
印　　装　北京科信印刷有限公司
版　　次　2014年2月第1版　2014年2月第1次印刷

开　　本　787×1092(毫米)　1/16
印　　张　9.5
字　　数　100千字

书　　号　ISBN 978-7-5013-5238-8
定　　价　58.00元

《国家数字图书馆工程标准规范成果》丛书编委会

总　序

数字图书馆涵盖多个分布式、超大规模、可互操作的异构多媒体资源库群，面向社会公众提供全方位的知识服务。它既是知识网络，又是知识中心，同时也是一套完整的知识定位系统，并将成为未来社会公共信息的中心和枢纽。数字图书馆建设的最终目标是实现对人类知识的普遍存取，使任何群体、任何个人都能与人类知识宝库近在咫尺，随时随地从中受益，从而最终消除人们在信息获取方面的不平等。“国家图书馆二期工程暨国家数字图书馆工程”是国家“十五”重点文化建设项目，由国家图书馆主持建设，其中国家数字图书馆工程的建设内容主要包括硬件基础平台、数字图书馆应用系统和数字图书馆标准规范体系。

标准规范作为数字图书馆建设的基础，是开发利用与共建共享资源的基本保障，是保证数字图书馆的资源和服务在整个数字信息环境中可利用、可互操作和可持续发展的基础。因此，在数字图书馆建设中，应坚持标准规范建设先行的原则。国家数字图书馆标准规范体系建设围绕数字资源生命周期为主线进行构建，涉及数字图书馆建设过程中所需要的主要标准，涵盖数字内容创建、数字对象描述、数字资源组织管理、数字资源服务、数字资源长期保存五个环节，共计三十余项标准。

在国家数字图书馆标准规范建设中，国家图书馆本着合作、开放、共建的原则，引入有相关标准研制及实施经验的文献信息机构、科研机构以及企业单位承担标准规范的研制工作，这就使得国家数字图书馆标准规范的研制能够充分依托国家图书馆及各研制单位数字图书馆建设的实践与研究，使国家数字图书馆的标准规范成果具有广泛的开放性与适用性。本次出版的系列成果均经过国家图书馆验收、网上公开质询以及业界专家验收等多个验收环节，确保了标准规范成果的科学性及实用性。

目前，国内数字图书馆标准规范尚处于研究与探索性应用阶段，国家图书馆担负的职责与任务决定了我们在数字图书馆标准规范建设方面具有的责任。此次将国家数字图书馆工程标准规范研制成果付梓出版，将为其他图书馆、数字图书馆建设及相关行业数字资源建设与服务提供建设规范依据，对于推广国家数字图书馆建设成果、提高我国数字图书馆建设标准化水平、促进数字资源与服务的共建共享具有重要意义。

国家图书馆馆长　周和平

2010 年 8 月

目　录

前　言

自古以来,地图就受到中国社会的高度重视,“左图右史”甚至成为对读书人阅读学习方式的一种要求。“舆图”一词,作为古旧地图的别称,在现代也仍然有其生命力。图书馆界普遍将舆图作为一种重要的中国古代文献类型予以典藏、整理和利用。

2000 年,北京大学古籍数字图书馆开始筹建,舆图被列为北京大学图书馆馆藏古文献类型数字化对象之一。为描述这些舆图,就需要为其设计出适合本馆使用的元数据标准,于是,北京大学图书馆工作人员在对国外数字对象描述元数据标准进行比较分析研究以及对国内数字资源对象及其元数据标准发展状况分析的基础上,制定了适合于本馆使用的舆图元数据标准。2003 年,舆图描述元数据标准又被列入科技部重大项目《我国数字图书馆标准规范建设》的子项目《专门数字对象描述元数据标准》中,目的是在已有的规范基础上,将舆图描述元数据标准的设计纳入到更为通用的设计原则和总体框架下,为全国范围内实体舆图和数字化舆图的描述与整理提供更标准通用的元数据标准。2005 年,《舆图描述元数据规范》及其著录规则顺利完成并通过鉴定。正是因为有了上述的工作成果,2009 年 7 月,国家图书馆便将《国家数字图书馆工程专门元数据标准与著录规范——舆图》项目以单一来源采购的方式,与古籍、拓片等古文献类型元数据标准规范一起,交由北京大学图书馆负责研制完成。

国家图书馆为此提出的《技术需求》这样写道:

> 由于舆图是一种以图画形式反映自然界、人类社会各方面信息的特殊文献,其文献特征,包括载体的物理特征有很多异于一般书籍的地方,因此,特设此子项目,以便深入研究舆图文献的独特性,重点解决舆图独特元素的描述、管理等规范问题,为舆图元数据与对象数据建立便捷准确的关联、为舆图资源的知识挖掘提供必要的条件。此子项目的完成,主要是便于对舆图数字产品进行规范化揭示和管理,也可在实体舆图文献的揭示管理中应用。

此外,国家图书馆舆图元数据标准规范的设计,还要兼顾对国家图书馆已有舆图元数据资源的有效继承。

为了充分满足国家图书馆的项目需求,北京大学图书馆在项目实施之始,对国家图书馆所藏舆图资源及其数字化建设情况做了全面深入的调研,在此基础上认真分析国家图书馆舆图元数据标准规范的需求,研究借鉴国内外最新的相关元数据研究成果,确立了基本的设计原则；并根据舆图元数据的特点与功能，明确了著录对象的含义、范围以及著录对象之间的关系，确定了著录单位，进行了特殊著录事项的需求分析，以充分体现舆图元数据标准规范的特点。

项目研究成果借鉴并参考了国内外最新的相关元数据研究成果，与科技部《我国数字图书馆标准与规范建设》、CALIS《中国高等教育数字图书馆技术标准与规范》等标准规范保持合理的一致性。同时遵循下列标准规范：

1. 国家图书馆元数据应用规范

2. 国家图书馆专门元数据设计规范

3. 元数据的定义方法参照ISO/IEC 11179：元数据注册系统

4. 规范文档的书写标准参照GB/T 1.1—2000：标准化工作导则　第1部分：标准的结构和编写规则

《国家数字图书馆工程专门元数据标准与著录规范——舆图》项目具体成果及撰写分工为：

1.《国家图书馆舆图元数据规范》：姚伯岳，沈芸芸，刘秀文

2.《国家图书馆舆图元数据著录规则》：姚伯岳，沈芸芸，刘秀文

3.《国家图书馆舆图元数据著录实例》：李雄飞，王燕均，姚伯岳

4.《国家图书馆舆图资源调研分析报告》：姚伯岳，沈芸芸

国家图书馆项目组的谢冬荣、鲍国强、冀亚平、王荟、卢芳玉、白鸿叶、孙俊、申军等对项目需求的提出、调研的配合、成果的讨论和修改以及最终定稿等方面做了大量工作。很多业界同仁对本标准规范的修改也提出了很好的意见和建议，对本项目成果的完善做出了贡献。

肖珑、苏品红、姚伯岳负责统筹项目的实施及成果的最终审核。2013年3月，《国家数字图书馆工程专门元数据标准与著录规范——舆图》项目最后结项。

本书即是在项目成果的基础上汇辑而成。略感遗憾的是，限于体例，《国家图书馆舆图资源调研分析报告》没有列入书中。

作为古文献的类型之一，舆图的数量相对较少，舆图元数据的著录方式也很不统一，需要有一个切合实用的元数据规范和著录规则。此次国家数字图书馆工程舆图元数据标准规范的制订，除可以应用于国家图书馆舆图数字化实践外，也可供国内相关收藏机构制作舆图元数据时参考使用。

编者

2013年5月31日

第一部分　国家图书馆舆图元数据规范

1 范围

本标准规范规定了国家数字图书馆描述舆图资源内容和形式特征的专门元数据元素集，以保证国家数字图书馆舆图元数据在功能、数据结构、格式、语义语法等方面的一致性和整体性，方便在今后更大范围内实现与其他系统或数字图书馆的互操作和数据共享。

本标准规范适用于描述由舆图原物复制转换而成的数字化舆图资源，也适用于直接描述舆图原物。

2 规范性引用文件

下列标准文件中包含的条款通过本标准规范的引用而成为本标准规范的条款。

GC－FJ080116 D004－1－3　国家图书馆元数据应用规范

GC－FJ080116 D004－2－2　国家图书馆元数据核心元素集

GC－FJ080116 D004－2－3　国家图书馆元数据核心元素集著录规则

GC－FJ080116 D004－3－1　国家图书馆专门元数据设计规范

3 术语和定义

3.1 舆图资源

1949 年以前绘制或印刷于中国的地图，以及据其原样复制转换而成的数字化图像。

3.2 舆图原物

1949 年以前在中国绘制或印刷的地图。

3.3 舆图数字资源

对舆图原物进行数字化复制转换后得到的数字化图像。

3.4 元数据

关于信息资源或数据的一种结构化的数据。

3.5 描述性元数据

对信息资源本身的内容、属性、外在特征进行描述的元数据。

3.6 元素

元数据集合中用于定义和描述数据的基本单元,由一组属性描述、定义、标识,并允许值限定。

3.7 修饰词

当元素无法满足对资源对象的精确描述需要时进一步扩展出的术语。修饰词包括两种类型:元素修饰词和编码体系修饰词。

3.8 元素修饰词

对元素的语义进行修饰,提高元素的专指性和精确性。

3.9 编码体系修饰词

用来帮助解析某个术语值的上下文信息或解析规则。其形式包括受控词表、规范表或者解析规则。

3.10 复用

在元数据应用过程中,对于其他元数据标准中已经有明确定义并适用于本应用领域的元素的直接使用,并在使用时明确标明其地址。

3.11 核心元素

使用频率高的、共性的、可用于不同类型的信息资源描述的元数据元素。参考 ISO 15836:2009 中的 15 项元素确定。

3.12 古文献类型核心元素

根据古文献类型资源对象的特点设计出的、为古文献类型资源共同所需的元素。

3.13 舆图个别元素

专门为舆图资源设计的、仅适用于舆图资源的元素，不用于交换。

4 著录单位

舆图元数据的著录单位是在内容上和形式上都自成一体的一个数字化舆图藏品，或舆图原物的一个具体藏本。

5 元数据规范的内容结构

舆图描述性元数据规范由15个核心元素、6个古文献类型核心元素、1个舆图个别元素组成，共22个元素，其中部分元素扩展了若干元素修饰词及编码体系修饰词。

表1－1 舆图元数据规范元素及修饰词列表

序号	元素	元素修饰词	编码体系修饰词	复用标准
核心元素（15个）				
1	题名			dc：title
		并列题名		
		其他题名		
2	主要责任者			dc：creator
		责任方式		
		责任者说明		
3	其他责任者			dc：contributor
		责任方式		
		责任者说明		
4	日期			dc：date
			年号纪年	
			公元纪年	
		测绘日期		
		出版日期		dcterms：issued
		印刷日期		

续表

序号	元素	元素修饰词	编码体系修饰词	复用标准
5	出版者			dc：publisher
		出版地		
		印刷者		
		印刷地		
6	附注			dc：description
		缺字附注		
		相关文献附注		
		从编附注		
		子目附注		dcterms：tableOfContents
		总图附注		
		分图附注		
		附图附注		
		提要		dcterms：abstract
7	相关资源			dc：relation
		从编		dcterms：isPartOf
		子目		dcterms：hasPart
		总图		
		分图		
		合订题名		
		书目文献		dcterms：isReferenced
		版本关联		dcterms：hasVersion
			URI	dcterms：URI
8	主题			dc：subject
			中国分类主题词表	
			中国图书馆分类法	
			地图分类法	
9	时空范围			dc：coverage
		地名		dc：coverage. spatial
		年代		dc：coverage. temporal
			公元纪年	
			年号纪年	
10	来源			dc：source
11	语种			dc：language

续表

序号	元素	元素修饰词	编码体系修饰词	复用标准
12	类型			dc：type
13	格式			dc：format
			IMT	dcterms：IMT
14	标识符			dc：identifier
			URI	dcterms：URI
15	权限			dc：rights
古文献类型核心元素(6 个)				
1	版本类型			mods:edition
		版本说明		
2	载体形态			
		装订方式		
		数量		
		质地		
		色彩		
		尺寸		
		附件		
3	馆藏信息			mods:location
		典藏址		
		典藏号		
		其他编号		
4	收藏历史			dcterms:provenance
		获得方式		
		题跋印记		
5	文献保护			
		文物级别		
		破损级别		
6	其他复本信息			
舆图个别元素(1 个)				
1	制图技法			
		比例尺		
		投影方法		
		地形表示法		

6 元数据规范的术语定义属性

舆图元数据规范中的术语通过以下属性进行定义，见表 1－2。

表 1－2 舆图元数据规范术语定义属性表

No.	属性名	属性定义	约束
1	标识符(Identifier)	术语的唯一标识符，以 URI 的形式给出	必备
2	名称(Name)	赋予术语的唯一标记	必备
3	出处(Defined By)	一般给出定义术语(特别是给出术语“名称”与“标识符”)的来源名称及来源的 URI。如无来源名称与 URI，也可以是定义术语或维护术语的机构名称。或者也可以是书目引文，指向定义该术语的文献	必备
4	标签(Label)	描述术语的可读标签	必备
5	定义(Definition)	对术语概念与内涵的说明	必备
6	注释(Comments)	关于术语或其应用的其他说明，如特殊的用法等	可选
7	术语类型(Type of Term)	术语的类型。其值为：元素、元素修饰词和编码体系修饰词	必备
8	限定(Refines)	在定义元素修饰词时，在此明确指出该术语修饰的元素。一般给出所修饰元素的名称，推荐同时给出 URI	有则必备
9	元素修饰词(Refined By)	在定义元素时，在此项中给出限定此元素的元素修饰词。一般给出元素修饰词的名称，推荐同时给出 URI	有则必备
10	编码体系应用于(Encoding Scheme For)	在定义编码体系修饰词时，在此给出该术语修饰的元素。一般给出所修饰元素的名称，推荐同时给出 URI	有则必备
11	编码体系修饰词(Encoding Scheme)	在定义元素时，如果元素有编码体系修饰词，在此给出编码体系修饰词，一般给出术语的名称，推荐同时给出 URI	有则必备
12	数据类型(Datatype)	术语允许取值的数据类型	可选
13	版本(Version)	产生该术语的元数据规范版本	可选
14	语言(Language)	说明术语的语言	可选
15	频次范围(Occurrence)	术语使用的频次范围。采用区间的表示方法：[min, max]，同时包括了对必备性和最大使用频次的定义。min＝0 表示可选；min＝1 表示必须；max＝10 表示最大使用频率为 10 次；max＝∞ 表示最大使用频次没有限制	可选

为了便于广泛使用，元数据标准定义应该尽量规范，上述 15 个属性固定取值如下：

(1)版本:1.0。

(2)语言:中文。

(3)数据类型:字符串。

(4)频次范围:一般不限,为[0,∞),以上有特殊说明的除外。

7 核心元素及其修饰词定义

7.1 题名

标识符:http://www.nlc.gov.cn/core/elements/title

名称:title

出处:Dublin Core Terms:http://purl.org/dc/terms/

标签:题名

定义:舆图的各种名称及其必要的说明。

注释:舆图的主要信息源处所载图名,以及舆图卷数等说明性文字内容。

术语类型:元素

元素修饰词:并列题名,其他题名

7.1.1 并列题名

标识符:http://www.nlc.gov.cn/core/terms/parallelTitle

名称:parallel title

出处:http://www.nlc.gov.cn/core/terms/

标签:并列题名

定义:对应正图名的其他文种图名。

注释:一般出现在舆图标题的位置,由于不属于著录用语种而不被选作正题名。

术语类型:元素修饰词

限定:题名

7.1.2 其他题名

标识符:http://www.nlc.gov.cn/core/terms/otherTitle

名称:other title

出处:http://www.nlc.gov.cn/core/terms/

标签:其他题名

定义:正题名之外的各种题名。

术语类型:元素修饰词

限定:题名

示例:

例 1　题名:大清一統輿圖:三十卷

例 2　题名:中國鐵路路線圖

并列题名:Railway Map of China

7.2　主要责任者

标识符:http://www.nlc.gov.cn/core/elements/creator

名称:creator

出处:Dublin Core Terms:http://purl.org/dc/terms/

标签:主要责任者

定义:对创建舆图内容负主要责任的实体。

注释:舆图主要责任者名称。

术语类型:元素

元素修饰词:责任者说明,责任方式

7.2.1　责任方式

标识符:http://www.nlc.gov.cn/core/terms/role

名称:role

出处:http://www.nlc.gov.cn/core/terms/

标签:责任方式

定义:主要责任者在舆图内容的形成过程中所做的工作。

注释:用于标明元素中给出的主要责任者与所描述资源之间的关系。如:绘,编绘,绘制,制,制图,撰修,摹绘,缩绘,著,纂,纂辑,增辑,编,编译。

术语类型:元素修饰词

限定:主要责任者

7.2.2　责任者说明

标识符:http://www.nlc.gov.cn/core/terms/statementOfResponsibility

名称:statement of responsibility

出处:http://www.nlc.gov.cn/core/terms/

标签:责任者说明

定义:对主要责任者国别、时代、身份等方面的说明。

注释:包括主要责任者的国别、时代等。

术语类型:元素修饰词

限定:主要责任者

7.3 其他责任者

标识符:http://www.nlc.gov.cn/core/elements/contributor

名称:contributor

出处:Dublin Core Terms:http://purl.org/dc/terms/

标签:其他责任者

定义:对舆图内容创建做出贡献的其他责任实体。

注释:舆图其他责任者名称。

术语类型:元素

元素修饰词:责任者说明,责任方式

7.3.1 责任方式

标识符:http://www.nlc.gov.cn/core/terms/role

名称:role

出处:http://www.nlc.gov.cn/core/terms/

标签:责任方式

定义:其他责任者在舆图内容的形成过程中所做的工作。

注释:用于标明元素中给出的其他责任者与所描述资源之间的关系。

术语类型:元素修饰词

限定:其他责任者

7.3.2 责任者说明

标识符:http://www.nlc.gov.cn/core/terms/statementOfResponsibility

名称:statement of responsibility

出处:http://www.nlc.gov.cn/core/terms/

标签:责任者说明

定义:对其他责任者国别、时代、身份等方面的说明。

注释:包括其他责任者的国别、时代等。

术语类型:元素修饰词

限定:其他责任者

示例:

例 1　主要责任者:國際學術評論社地學研究部

责任者说明:日本

责任方式:編纂

例 2　主要责任者:章子昭

责任者说明:清

责任方式:繪

其他责任者:内政部方域司

责任者说明:清

责任方式:编

7.4　日期

标识符:http://www.nlc.gov.cn/core/elements/date

名称:date

出处:Dublin Core Terms:http://purl.org/dc/terms/

标签:日期

定义:与舆图测绘、出版、印刷等行为相关的时间。

注释:一般只著录到年,具体分为年号纪年,公元纪年。元素修饰词是根据各种不同制作方式设置的,可根据需要的值进行扩展。

术语类型:元素

元素修饰词:测绘日期,出版日期,印刷日期

编码体系修饰词:年号纪年,公元纪年

7.4.1　测绘日期

标识符:http://www.nlc.gov.cn/atlas/terms/Drawing

名称:drawing

出处:http://www.nlc.gov.cn/core/terms/

标签:测绘日期

定义:测量和绘制舆图的年份。

术语类型:元素修饰词

限定:日期

7.4.2　出版日期

标识符:http://www.nlc.gov.cn/core/terms/issued

名称:issued

出处:Dublin Core Terms:http://purl. org/dc/terms/

标签:出版日期

定义:将舆图编印出来的年份。

术语类型:元素修饰词

限定:日期

7.4.3 印刷日期

标识符:http://www. nlc. gov. cn/core/terms/printed

名称:printed

出处:http://www. nlc. gov. cn/core/terms/

标签:印刷日期

定义:将舆图资源印刷在纸张或制作在某种介质上的年份。

术语类型:元素修饰词

限定:日期

7.4.4 年号纪年

标识符:http://www. nlc. gov. cn/core/terms/ChineseCalendar

名称:Chinese Calendar

出处:http://www. nlc. gov. cn/core/terms/

标签:年号纪年

定义:中国及其周边国家以皇帝或国王的年号为标准的阴阳历纪年法。

注释:中国年号前应加中国朝代名,中国周边国家如日本、朝鲜等年号前应加国别名。

术语类型:编码体系修饰词

编码体系应用于:日期,测绘日期,出版日期,印刷日期

7.4.5 公元纪年

标识符:http://www. nlc. gov. cn/core/terms/GregorianCalendar

名称:Gregorian Calendar

出处:http://www. nlc. gov. cn/core/terms/

标签:公元纪年

定义:以耶稣诞生为元年的太阳历纪年法,是国际通用的纪年法。

注释:作为编码体系修饰词与年号纪年对照使用。外文舆图如不使用年号纪年,可直接在“日期”元素著录公元纪年。

术语类型:编码体系修饰词

编码体系应用于:日期,测绘日期,出版日期,印刷日期

7.5 出版者

标识符:http://www.nlc.gov.cn/core/elements/publisher

名称:publisher

出处:Dublin Core Terms:http://purl.org/dc/terms/

标签:出版者

定义:对舆图的制作负责任的实体。

注释:出版者可以是机构,也可以是个人。

术语类型:元素

元素修饰词:出版地,印刷者,印刷地

7.5.1 出版地

标识符:http://www.nlc.gov.cn/core/terms/placeOfPublication

名称:place of publication

出处:http://www.nlc.gov.cn/core/terms/

标签:出版地

定义:实施出版行为的地点。

注释:应客观著录舆图中标示的出版地,地名不做规范。

术语类型:元素修饰词

限定:出版者

7.5.2 印刷者

标识符:http://www.nlc.gov.cn/core/terms/printer

名称:printer

出处:http://www.nlc.gov.cn/core/terms/

标签:印刷者

定义:制作舆图复本的机构或个人。

术语类型:元素修饰词

限定:出版者

7.5.3 印刷地

标识符:http://www.nlc.gov.cn/core/placeOfPrinting

名称:place of printing

出处:http://www.nlc.gov.cn/core/terms/

标签:印刷地

定义:实施印刷行为的地点。

注释:应客观著录舆图中标示的印刷地,地名不做规范。

术语类型:元素修饰词

限定:出版者

示例:(与"日期"元素一起描述著录范例)

例1　出版者:朱子庚

出版地:甘泉縣

年号纪年:清道光二十三年

公元纪年:1843

例2　出版者:集畫堂

出版地:東京

年号纪年:日本昭和十五年

公元纪年:1940

例3　出版者:大東書局

印刷地:上海

年号纪年:民國二十二年

公元纪年:1933

7.6　附注

标识符:http://www.nlc.gov.cn/core/elements/description

名称:description

出处:Dublin Core Terms:http://purl.org/dc/terms/

标签:附注

定义:对舆图内容的自由行文描述。

注释:此项著录有关舆图的各种注释。

术语类型:元素

元素修饰词:缺字附注,原作版本附注,丛编附注,子目附注,总图附注,分图附注,附图附注,提要

7.6.1　缺字附注

标识符:http://www.nlc.gov.cn/core/terms/missingCharacters

名称:missing characters

出处:http://www.nlc.gov.cn/core/terms/

标签:缺字附注

定义:对计算机暂时不能录入的汉字的描述。

术语类型:元素修饰词

限定:附注

7.6.2 相关文献附注

标识符:http://www.nlc.gov.cn/core/terms/relationDescription

名称:relation description

出处:http://www.nlc.gov.cn/core/terms/

标签:相关文献附注

定义:对所依据的底本、根据该本复制的各种版本以及与之相关联文献的说明。

术语类型:元素修饰词

限定:附注

编码体系修饰词:无

7.6.3 丛编附注

标识符:http://www.nlc.gov.cn/core/terms/descriptionSeries

名称:series description

出处:http://www.nlc.gov.cn/core/terms/

标签:丛编附注

定义:在形式或内容乃至典藏方式等方面有一定关联,并具有一个独立题名的舆图集合的名称及说明。

注释:此处著录没有单独书目记录的丛编事项,如丛编题名、所处丛编内部序列位置等,意在说明所著录舆图属于某一个特定舆图集合。

术语类型:元素修饰词

限定:附注

7.6.4 子目附注

标识符:http://www.nlc.gov.cn/core/terms/tableOfContents

名称:table of contents

出处:Dublin Core Terms:http://purl.org/dc/terms/

标签:子目附注

定义:一个舆图丛编中所包含的各种舆图的名称及说明。

注释:此处著录没有单独书目记录的丛编子目事项,如子目题名、责任者以及子目序列等。

术语类型:元素修饰词

限定:附注

7.6.5 总图附注

标识符:http://www.nlc.gov.cn/core/terms/atlasDescription

名称:atlas description

出处:http://www.nlc.gov.cn/core/terms/

标签:总图附注

定义:在一套舆图中能够总括其他分图内容的图的名称及说明。

注释:此修饰词意在说明所著录舆图属于某一个特定的舆图集合。

术语类型:元素修饰词

限定:附注

7.6.6 分图附注

标识符:http://www.nlc.gov.cn/core/terms/mapsDescription

名称:maps description

出处:http://www.nlc.gov.cn/core/terms/

标签:分图附注

定义:对于一个地图集合中各单张或单幅地图名称及说明的集中著录。

注释:一般是多个题名及说明。

术语类型:元素修饰词

限定:附注

7.6.7 附图附注

标识符:http://www.nlc.gov.cn/core/terms/attachedMap

名称:attached map

出处:http://www.nlc.gov.cn/core/terms/

标签:附图附注

定义:对主图之外补充、诠释主图的图幅名称及说明的描述。

术语类型:元素修饰词

限定:附注

7.6.8 提要

标识符:http://www.nlc.gov.cn/core/terms/abstract

名称:abstract

出处:Dublin Core Terms:http://purl.org/dc/terms/

标签:提要

定义:舆图内容、形式的要点。

术语类型:元素修饰词

限定:附注

示例:

例 1　附注:貼有墨筆標注紅色浮籤。

例 2　缺字附注:== 王(左)+雩(右)(tu)

例 3　原作版本附注:根據滿洲文化協會據大連滿鐵圖書館藏清乾隆年間繪本數字化複製。

例 4　子目:包寧鐵路圖.包寧工程圖

7.7 相关资源

标识符:http://www.nlc.gov.cn/core/elements/relation

名称:relation

出处:Dublin Core Terms:http://purl.org/dc/terms/

标签:相关资源

定义:与被著录舆图相关的其他舆图资源的各种链接。

注释:此元素为相关元数据的超链接,可以是内部链接,也可以是外部链接或锚点链接。

术语类型:元素

元素修饰词:丛编,子目,总图,分图,合订题名,书目文献,版本关联

编码体系修饰词:DOI,URI

7.7.1 丛编

标识符:http://www.nlc.gov.cn/core/terms/isPartOf

名称:is part of

出处:Dublin Core Terms:http://purl.org/dc/terms/

标签:丛编

定义:在形式或内容乃至典藏方式等方面有一定关联,并具有一个独立题名的舆图集合。

术语类型:元素修饰词

限定:相关资源

7.7.2　子目

标识符:http://www.nlc.gov.cn/core/terms/hasPart

名称:has part

出处:Dublin Core Terms:http://purl.org/dc/terms/

标签:子目

定义:组成舆图丛编的各个内容单元。

术语类型:元素修饰词

限定:相关资源

7.7.3　总图

标识符:http://www.nlc.gov.cn/core/terms/relationAtlas

名称:relation atlas

出处:http://www.nlc.gov.cn/core/terms/

标签:总图

定义:在一套舆图中能够总括其他分图内容的图。

术语类型:元素修饰词

限定:相关资源

7.7.4　分图

标识符:http://www.nlc.gov.cn/core/terms/relationMap

名称:relation map

出处:http://www.nlc.gov.cn/core/terms/

标签:分图

定义:一套舆图中的某一种或一幅全图中被分割的某一部分舆图。

术语类型:元素修饰词

限定:相关资源

7.7.5　合订题名

标识符:http://www.nlc.gov.cn/core/terms/boundWith

名称:bound with

出处:http://www.nlc.gov.cn/core/terms/

标签:合订题名

定义:装订在一起、出版印刷情况完全相同但内容不同的另一种舆图的图名。

注释:此处链接与著录舆图合订的舆图的书目记录。

术语类型:元素修饰词

限定:相关资源

7.7.6　书目文献

标识符:http://www.nlc.gov.cn/core/terms/isReferencedBy

名称:is referenced by

出处:Dublin Core Terms:http://purl.org/dc/terms/

标签:书目文献

定义:记载有该种舆图的书目或文献。

术语类型:元素修饰词

限定:相关资源

7.7.7　版本关联

标识符:http://www.nlc.gov.cn/core/terms/hasVersion

名称:has version

出处:Dublin Core Terms:http://purl.org/dc/terms/

标签:版本关联

定义:和被描述的舆图的底本及其他相关版本等方面的关联。

注释:此处被链接的可能是元数据的题名,也可能是网址。

术语类型:元素修饰词

限定:相关资源

7.7.8　URI

标识符:http://www.nlc.gov.cn/core/terms/URI

名称:URI

出处:Dublin Core Terms:http://purl.org/dc/terms/

标签:URI

定义:统一资源标识符。

注释:参见:http://www.ietf.org/rfc/rfc2396.txt

术语类型:编码体系修饰词

编码体系应用于:相关资源,丛编,子目,总图,分图,合订题名,书目文献,版本关联

示例:

例1　丛编:直隸山東輿地圖

例2　子目:青島

膠州灣

煙臺

……

例3　书目文献:輿圖要錄

例4　版本关联:http://opac.nlc.gov.cn/F/AH44GL1GLJGLAB1UJGBR3KJMG4T6DDGED1R75Y57HLHAIAPQM7-53030?func=full-set-set&set_number=076992&set_entry=000002&format=999

7.8　主题

标识符:http://www.nlc.gov.cn/core/elements/subject

名称:subject

出处:Dublin Core Terms:http://purl.org/dc/terms/

标签:主题

定义:有关舆图内容的描述。

注释:一般而言,一个主题通常采用描述资源内容的关键词、短语或分类号。著录与舆图内容有关的主题词,可采用自由词标引,也可从受控词表或是规范的分类体系中选取主题词。受控词表和分类体系可以根据需要选取,也就是说可相应扩展需要的修饰词。

术语类型:元素

编码体系修饰词:中国分类主题词表,中国图书馆分类法,地图分类法

7.8.1　中国分类主题词表

标识符:http://www.nlc.gov.cn/core/terms/CCT

名称:CCT

出处:http://www.nlc.gov.cn/core/terms/

标签:中国分类主题词表

定义:据以进行规范主题词标引的指定主题词表。

注释:应依据《中国分类主题词表》的最新版本。

术语类型:编码体系修饰词

编码体系应用于:主题

7.8.2　中国图书馆分类法

标识符:http://www.nlc.gov.cn/core/terms/CLC

名称:CLC

出处:http://www.nlc.gov.cn/core/terms/

标签:中国图书馆分类法

定义:据以进行规范分类标引的指定分类法。

注释:应依据《中国图书馆分类法》的最新版本。

术语类型:编码体系修饰词

编码体系应用于:主题

7.8.3 地图分类法

标识符:http://www.nlc.gov.cn/core/terms/DT

名称:DT

出处:http://www.nlc.gov.cn/core/terms/

标签:地图分类法

定义:据以进行地图分类标引的指定分类法。

注释:应依据国家图书馆《地图分类法》的最新版本。

术语类型:编码体系修饰词

编码体系应用于:主题

示例:

例1 中国分类主题词表:古舊地圖,中國,清代

例2 主题:邊界圖,中國,越南

例3 中国图书馆分类法:K992.652

例4 地图分类法:032.4

7.9 时空范围

标识符:http://www.nlc.gov.cn/core/elements/coverage

名称:coverage

出处:Dublin Core Terms:http://purl.org/dc/terms/

标签:时空范围

定义:舆图内容所涉及的地域范围和时间范围。

注释:此元素可用于 GIS(Geographic Information System,地理信息系统)的制作。

术语类型:元素

元素修饰词:地名,年代

编码体系修饰词:年号纪年,公元纪年

7.9.1　地名

标识符:http://www.nlc.gov.cn/core/terms/spatial

名称:spatial

出处:Dublin Core Terms:http://purl.org/dc/terms/

标签:地名

定义:舆图内容所涉及的地域范围。

术语类型:元素修饰词

限定:时空范围

7.9.2　年代

标识符:http://www.nlc.gov.cn/core/terms/temporal

名称:temporal

出处:Dublin Core Terms:http://purl.org/dc/terms/

标签:年代

定义:舆图内容所涉及的时间范围。

术语类型:元素修饰词

限定:时空范围

7.9.3　年号纪年

标识符:http://www.nlc.gov.cn/core/terms/ChineseCalendar

名称:Chinese Calendar

出处:http://www.nlc.gov.cn/core/terms/

标签:年号纪年

定义:中国及其周边国家以皇帝或国王的年号为标准的阴阳历纪年法。

注释:中国的年号纪年由中国朝代名、帝王年号和纪年组成。中国周边国家的年号纪年如日本、朝鲜等年号前应用其国名,不用中国朝代名。

术语类型:编码体系修饰词

编码体系应用于:时空范围,年代

7.9.4　公元纪年

标识符:http://www.nlc.gov.cn/core/terms/gregorianCalendar

名称:Gregorian Calendar

出处:http://www.nlc.gov.cn/core/terms/

标签:公元纪年

定义:以耶稣诞生为元年的太阳历纪年法。

注释:国际通用的纪年法,是大多数国家纪年的标准。

术语类型:编码体系修饰词

编码体系应用于:时空范围,年代

示例:

例 1　地名:西安

年号纪年:唐

公元纪年:618—907

例 2　地名:河北省,中國

年号纪年:清光緒二十五年

公元纪年:1899

7.10　来源

标识符:http://www.nlc.gov.cn/core/elements/source

名称:source

出处:Dublin Core Terms:http://purl.org/dc/terms/

标签:来源

定义:与当前舆图数字资源直接有关的资源。

注释:注意此元素不著录间接的来源资源。

术语类型:元素

示例:

来源:所描述資源掃描自北大圖書館所藏輿圖。

7.11　语种

标识符:http://www.nlc.gov.cn/core/elements/language

名称:language

出处:Dublin Core Terms:http://purl.org/dc/terms/

标签:语种

定义:描述舆图内容的语言文字。

注释:参见:国家图书馆编《世界语种代码表》。

术语类型:元素

示例:

例 1　漢語

例2　德語

例3　日語

例4　滿語

7.12　格式

标识符:http://www.nlc.gov.cn/core/elements/format

名称:format

出处:Dublin Core Terms:http://purl.org/dc/terms/

标签:格式

定义:舆图数字资源、缩微资源的文件格式、物理载体或尺寸规格。

注释:当前资源为数字化资源或缩微资料时,著录此项。格式可以包括舆图资源的媒体类型或资源的大小,也可以用来标识展示或操作舆图资源所需的软硬件或其他相应设备。建议采用受控词表,例如 Internet 媒体类型[MIME]定义的计算机媒体格式。

编码体系修饰词:IMT

术语类型:元素

IMT

标识符:http://www.nlc.gov.cn/core/terms/IMT

名称:IMT

出处:Dublin Core/Terms:http://purl.org/dc/terms/

标签:IMT

定义:资源的互联网媒体类型。

术语类型:编码体系修饰词

编码体系应用于:格式

示例:

格式:image/jpeg,256 色,300dpi,12M

7.13　标识符

标识符:http://www.nlc.gov.cn/core/elements/identifier

名称:identifier

出处:Dublin Core Terms:http://purl.org/dc/terms/

标签:标识符

定义:舆图资源在一定体系下的唯一标识。

术语类型:元素

编码体系修饰词:URI

URI

标识符:http://www. nlc. gov. cn/core/terms/URI

名称:URI

出处:Dublin Core Terms:http://purl. org/dc/terms/

标签:URI

定义:统一资源标识符。

术语类型:编码体系修饰词

编码体系应用于:标识符

示例:

标识符:urn:CALIS:211011-atlascn/1717

7.14 类型

标识符:http://www. nlc. gov. cn/core/elements/type

名称:type

出处:Dublin Core Terms:http://purl. org/dc/terms/

标签:类型

定义:根据资源内容形式特征进行的种类划分。

注释:此元素系在已设定的资源类型中选取。如果要描述舆图资源的文件格式、物理媒体或尺寸规格,应在"格式"元素中著录。

术语类型:元素

7.15 权限

标识符:http://www. nlc. gov. cn/core/elements/rights

名称:rights

出处:Dublin Core Terms:http://purl. org/dc/terms/

标签:权限

定义:舆图资源本身的所有者权利信息或被赋予的权利信息。

注释:一般而言,权限元素包括一个对资源的权限管理的声明,或者是对提供这一信息的服务的参照。权限一般包括知识产权(IPR)、版权和其他各种产权。这里主要指舆图的服务范围。

术语类型:元素

示例:

权限:提供文献传递

8 古文献类型核心元素及其修饰词定义

8.1 版本类型

标识符:http://www.nlc.gov.cn/ancientBookCategory/elements/edition

名称:edition

出处:Metadata Object Description Schema: http://www.loc.gov/mods/

标签:版本类型

定义:对舆图原物依据其制作工艺而划分的种类。

术语类型:元素

元素修饰词:版本说明

版本说明

标识符:http://www.nlc.gov.cn/ancientBookCategory/terms/editionStatement

名称:edition statement

出处:http://www.nlc.gov.cn/ancientBookCategory/terms/

标签:版本说明

定义:对版本类型著录的补充说明,如绘制方法、印制方法或印次等。

术语类型:元素修饰词

限定:版本类型

示例:

例1 版本类型:繪本
版本说明:摹繪

例2 版本类型:刻本
版本说明:彩色套印

例3 版本类型:石印本
版本说明:第3版

例4 版本类型:影印本
版本说明:珂羅版

8.2 载体形态

标识符:http://www.nlc.gov.cn/ancientBookCategory/elements/physicalDescription

名称:physical description

出处:http://www.nlc.gov.cn/ancientBookCategory/elements/

标签:载体形态

定义:舆图原物的外形特征

注释:此项著录舆图原物的物理形态。

术语类型:元素

元素修饰词:装订方式,数量,质地,色彩,尺寸,附件

8.2.1 装订方式

标识符:http://www.nlc.gov.cn/ancientBookCategory/terms/binding

名称:binding

出处:http://www.nlc.gov.cn/ancientBookCategory/terms/

标签:装订方式

定义:将已绘好或已印好的一幅或若干幅舆图加工为成品的方法。

术语类型:元素修饰词

限定:载体形态

8.2.2 数量

标识符:http://www.nlc.gov.cn/ancientBookCategory/terms/quantity

名称:quantity

出处:http://www.nlc.gov.cn/ancientBookCategory/terms/

标签:数量

定义:指舆图载体形态的单位数量。

注释:通常用幅、张、册、盘等表示。

术语类型:元素修饰词

限定:载体形态

8.2.3 质地

标识符:http://www.nlc.gov.cn/ancientBookCategory/terms/material

名称:material

出处:http://www.nlc.gov.cn/ancientBookCategory/terms/

标签:质地

定义:指舆图载体所用的物质材料。

术语类型:元素修饰词

限定:载体形态

8.2.4 色彩

标识符:http://www.nlc.gov.cn/ancientBookCategory/terms/color

名称:color

出处:http://www.nlc.gov.cn/ancientBookCategory/terms/

标签:色彩

定义:舆图绘制、印刷所使用的颜色种类。

术语类型:元素修饰词

限定:载体形态

8.2.5 尺寸

标识符:http://www.nlc.gov.cn/ancientBookCategory/terms/dimension

名称:dimension

出处:http://www.nlc.gov.cn/ancientBookCategory/terms/

标签:尺寸

定义:舆图载体的幅面或图廓大小。

注释:一般以厘米(cm)为单位,先纵后横。

术语类型:元素修饰词

限定:载体形态

8.2.6 附件

标识符:http://www.nlc.gov.cn/ancientBookCatergory/terms/accompanyingMaterial

名称:accompanying material

出处:http://www.nlc.gov.cn/ancientBookCategory/terms/

标签:附件

定义:与舆图原物一起配套发行、便于舆图原物使用的附加物件。

注释:如单独编制的索引等。

术语类型:元素修饰词

限定:载体形态

示例:

例1　装订方式:綫装

数量:1 册 53 幅(1 函)

质地:竹紙

色彩:朱墨二色

尺寸:37. 5cm ×26. 5cm

例2　装订方式:卷軸裝

质地:絹

色彩:彩色

数量:1 幅(1 軸)

尺寸:89 ×125cm

8.3　收藏历史

标识符:http://www. nlc. gov. cn/ancientBookCategory/elements/provenance

名称:provenance

出处:Dublin Core Terms:http://purl. org/dc/terms/

标签:收藏历史

定义:舆图原物在制成问世后的流传情况。

注释:此项著录舆图原物的收藏沿革和在流传过程中产生的各种特征。

术语类型:元素

元素修饰词:获得方式,题跋印记

8.3.1　获得方式

标识符:http://www. nlc. gov. cn/ancientBookCategory/terms/availability

名称:availability

出处:http://www. nlc. gov. cn/ancientBookCategory/terms/

标签:获得方式

定义:舆图的获得来源、购买价格。

术语类型:元素修饰词

限定:收藏历史

8.3.2　题跋印记

标识符:http://www. nlc. gov. cn/atlas/ancientBookCategory/inscriptionAndSeal

名称:inscription and seal

出处:http://www.nlc.gov.cn/ancientBookCategory/terms/

标签:题跋印记

定义:舆图原物上的题跋、钤印。

术语类型:元素修饰词

限定:收藏历史

示例:

例1 收藏历史:此圖原為福克司收藏,后歸北京大學圖書館。

题跋印记:有福克司題記。鈐印:"福克司"滿漢朱文印,"雨讀齋藏"朱文印。

例2 获得方式:購自德國,購價:200 歐元。

8.4 文献保护

标识符:http://www.nlc.gov.cn/ancientBookCategory/elements/ancientBookPreservation

名称:ancient book preservation

出处:http://www.nlc.gov.cn/ancientBookCategory/elements/

标签:文献保护

定义:舆图的保存修复状况以及对其珍贵程度所进行的级别认证。

术语类型:元素

元素修饰词:文物级别,破损级别

8.4.1 文物级别

标识符:http://www.nlc.gov.cn/ancientBookCategory/terms/culturalRelicsLevel

名称:cultural relics level

出处:http://www.nlc.gov.cn/ancientBookCategory/terms/

标签:文物级别

定义:根据舆图原物珍贵程度所划分的级别。

注释:可依据相关定级标准著录。

术语类型:元素修饰词

限定:文献保护

8.4.2 破损级别

标识符:http://www.nlc.gov.cn/ancientBookCategory/terms/damageLevel

名称:damage level

出处:http://www.nlc.gov.cn/ancientBookCategory/terms/

标签:破损级别

定义:根据舆图原物损坏程度所划分的级别。

注释:可依据中华人民共和国文化行业标准《古籍特藏破损定级标准》(WH/T 22—2006)著录。

术语类型:元素修饰词

限定:文献保护

8.5 馆藏信息

标识符:http://www.nlc.gov.cn/ancientBookCategory/elements/location

名称:location

出处:Metadata Object Description Schema: http://www.loc.gov/mods/

标签:馆藏信息

定义:舆图收藏机构的相关信息。

注释:此元素描述舆图的收藏情况。为详细著录可使用所属各项元素修饰词。

术语类型:元素

元素修饰词:典藏址,典藏号,其他编号

8.5.1 典藏址

标识符:http://www.nlc.gov.cn/ancientBookCategory/terms/specificLocation

名称:specific location

出处:http://www.nlc.gov.cn/ancientBookCategory/terms/

标签:典藏址

定义:舆图实物在其收藏机构中的具体典藏位置。

术语类型:元素修饰词

限定:馆藏信息

示例:

馆藏信息:北京大學圖書館

典藏址:地球與空間科學學院分館

8.5.2 典藏号

标识符:http://www.nlc.gov.cn/ancientBookCategory/terms/callNumber

名称:call number

出处:http://www.nlc.gov.cn/ancientBookCategory/terms/

标签:典藏号

定义:舆图收藏机构为了检索和排架的需要而给予馆藏舆图实物的一个特定号码。

术语类型:元素修饰词

限定:馆藏信息

8.5.3 其他编号

标识符:http://www.nlc.gov.cn/ancientBookCategory/terms/otherCallNumber

名称:other call number

出处:http://www.nlc.gov.cn/ancientBookCategory/terms/

标签:其他编号

定义:舆图收藏机构给予一部舆图实物除典藏号之外的其他特定编号。

术语类型:元素修饰词

限定:馆藏信息

示例:

例 1 馆藏信息:北京大學圖書館
典藏址:古籍庫
典藏号:X/981.283/5544
其他编号:0001587-96

例 2 馆藏信息:北京大學圖書館
典藏址:信息管理系分館
典藏号:X/981.2/8933

8.6 其他复本信息

标识符:http://www.nlc.gov.cn/ancientBookCategory/elements/copy

名称:copy

出处:http://www.nlc.gov.cn/ancientBookCategory/elements/

标签:其他复本信息

定义:与本记录所著录舆图在内容及版印方面相同的其他藏本的相关信息。

注释:此元素的设置是为了著录那些没有独立书目记录的其他复本舆图的相关信息。其他复本与记录所描述的舆图藏本的内容和版本情况基本一致,但可能在装订形式、册函数、开本大小、获得方式、藏章印记、破损与完整情况、典藏地址、典藏号等方面有所不同。所以一般应该从载体形态、收藏历史、文献保护、馆藏信息等方面予以反映。

术语类型:元素

9 舆图个别元素及其修饰词定义

9.1 制图技法

标识符:http://www.nlc.gov.cn/atlas/elements/cartographicTechnique

名称:cartographic technique

出处:http://www.nlc.gov.cn/atlas/elements/

标签:制图技法

定义:舆图原物制图技术方面的信息。

注释:该元素描述舆图原物绘制时使用的有关技术方法。

术语类型:元素

元素修饰词:比例尺,投影方法,地形表示法

9.1.1 比例尺

标识符:http://www.nlc.gov.cn/atlas/terms/scale

名称:scale

出处:http://www.nlc.gov.cn/atlas/terms/

标签:比例尺

定义:舆图上的距离与它们所代表的实际距离之比。

注释:比例尺有多种表示方法,如:数字式,线段式,文字式等。

术语类型:元素修饰词

限定:制图技法

9.1.2 投影方法

标识符:http://www.nlc.gov.cn/atlas/terms/projections

名称:projections

出处:http://www.nlc.gov.cn/atlas/terms/

标签:投影方法

定义:绘制舆图时将地球曲面展为平面的方法。

术语类型:元素修饰词

限定:制图技法

9.1.3 地形表示法

标识符:http://www.nlc.gov.cn/atlas/terms/cartography

名称:cartography

出处:http://www. nlc. gov. cn/atlas/terms/

标签:地形表示法

定义:将地球表面起伏不平的地形表示在平面图上的方法。

术语类型:元素修饰词

限定:制图技法

示例:

例 1　比例尺:1∶600000

投影方法:等積圓錐投影

地形表示法:暈渲法

例 2　比例尺:五十里方

第二部分　国家图书馆舆图元数据著录规则

1 范围

本著录规则规定了描述与揭示舆图资源内容和形式特征时所要遵循的具体操作规则。

本著录规则适用于对由舆图原物复制转换而成的数字化舆图资源的著录,也适用于对舆图原物的著录。

本著录规则的适用对象不仅包括汉文舆图,也包括中国少数民族文字古旧地图和部分外文古旧地图。

2 规范性引用文件

下列标准文件中包含的条款通过本标准规范的引用而成为本标准规范的条款。

GC - FJ080116 D004 - 1 - 3　国家图书馆元数据应用规范

GC - FJ080116 D004 - 2 - 2　国家图书馆元数据核心元素集

GC - FJ080116 D004 - 2 - 3　国家图书馆元数据核心元素集著录规则

GC - FJ080116 D004 - 3 - 1　国家图书馆专门元数据设计规范

3 术语和定义

3.1 舆图资源

1949 年以前绘制或印刷于中国的地图以及据其原样复制转换而成的数字化图像。

3.2 舆图原物

1949 年以前在中国绘制或印刷的地图。

3.3 舆图数字资源

对舆图原物进行数字化复制转换后得到的数字化图像。

3.4 元数据

关于信息资源或数据的一种结构化的数据。

3.5 元素

元数据集合中用于定义和描述数据的基本单元，由一组属性描述、定义、标识，并允许值限定。

3.6 修饰词

当元素无法满足对资源对象的精确描述需要时进一步扩展出的术语。修饰词包括两种类型:元素修饰词和编码体系修饰词。

3.7 元素修饰词

对元素的语义进行修饰，提高元素的专指性和精确性。

3.8 编码体系修饰词

用来帮助解析某个术语值的上下文信息或解析规则。其形式包括受控词表、规范表或者解析规则。

3.9 著录规则

根据一定的目的和使用对象，对特定资源的形式和内容特征进行描述与揭示时所需的具体操作规则。

4 著录总则

4.1 著录单位

舆图元数据的著录单位是在内容上和形式上都自成一体的一个数字化舆图藏品，或是一种舆图原物的一个具体藏本。

4.2 著录信息源

舆图著录的规定信息源是被著录舆图资源本身。

在著录数字化舆图时，著录信息应主要取自相对应的舆图原物，同时根据数字化舆图的一些特征进行相关的著录。

凡取自被著录舆图以外的信息，或编目员自拟的著录内容，应在附注项说明著录来源。

4.3 著录用文字和数字

- 著录使用规范的繁体汉字。
- “题名”元素中的卷数，“日期”“时空范围”元素中的年号纪年应使用汉文数字；其他如数量、尺寸、价格和公元纪年等数字均用阿拉伯数字著录。

4.4 著录项目

舆图元数据共有22个元素需要著录，部分元素之下又有若干元素修饰词，详见下表2－1。

表2－1 舆图著录项目列表

元素	元素修饰词	编码体系修饰词
题名		
	并列题名	
	其他题名	
主要责任者		
	责任方式	
	责任者说明	
其他责任者		
	责任方式	
	责任者说明	
日期		
	测绘日期	
	出版日期	
	印刷日期	
		年号纪年
		公元纪年
出版者		
	出版地	
	印刷者	
	印刷地	
版本类型		
	版本说明	
制图技法		
	比例尺	
	投影方法	
	地形表示法	

续表

元素	元素修饰词	编码体系修饰词
载体形态		
	装订方式	
	数量	
	质地	
	色彩	
	尺寸	
	附件	
附注		
	缺字附注	
	相关文献附注	
	丛编附注	
	子目附注	
	总图附注	
	分图附注	
	附图附注	
	提要	
收藏历史		
	获得方式	
	题跋印记	
文献保护		
	文物级别	
	破损级别	
相关资源		
	丛编	
	子目	
	总图	
	分图	
	合订题名	
	书目文献	
	版本关联	
		URI
主题		
		中国分类主题词表
		中国图书馆分类法
		地图分类法
时空范围		
	地名	
	年代	
		公元纪年
		年号纪年

续表

元素	元素修饰词	编码体系修饰词
语种		
标识符		
		URI
馆藏信息		
	典藏地址	
	典藏号	
	其他编号	
来源		
类型		
权限		
格式		
		IMT
其他复本信息		

5 著录细则

在著录细则中,以元素为主线叙述著录规则。

为保证著录的一致性,依据《国家图书馆专门元数据设计规范》(GC－FJ080116 D004－3－1)的要求,在著录细则中对元素及元素修饰词的说明项目作了统一的规定,详见表2－2。

表2－2 元素及元素修饰词的说明项目

项目	项目定义与内容	说明
名称	赋予术语的唯一标记	
标签	描述术语的可读标签	
定义	对术语概念与内涵的说明	
注释	关于术语或其应用的其他说明,如特殊的用法等	
著录内容	对每个元素或元素修饰词的细化说明	
元素修饰词	对元素的语义进行修饰,提高元素的专指性和精确性的词	只适用于元素
编码体系修饰词及其用法	元素或元素修饰词取值依据的各种受控词表和规范标记,或者其形式遵循的特定解析规则	
规范档	说明著录元素或元素修饰词内容时依据的各种规范。取值可能来自各种受控词表和规范。它可以和编码体系修饰词一致,也可以是适应具体需要而做出的相关规则	

续表

项目	项目定义与内容	说明
必备性	说明元素或元素修饰词是否必须著录。取值有:必备(M)、可选(O)、有则必备(MA)	
可重复性	说明元素或元素修饰词是否可以重复著录。取值有:可重复、不可重复	
著录说明	讲解元素与元素修饰词的具体著录方法	
著录范例	著录元素或元素修饰词时的典型实例	

在说明项目中,“名称”“标签”“定义”“必备性”“可重复性”为必备,且必须与元数据规范中的相同定义项目的内容保持一致,其他项目为有则必备。

为了叙述的整齐和避免重复,“著录说明”和“著录范例”两个项目放在每个元素及其修饰词的最后,集中进行描述。

5.1 题名

名称:title

标签:题名

定义:舆图的各种名称及其必要的说明。

注释:首要著录正题名及其说明,也就是舆图主要信息源处所载图名,以及用来限定、补充、解释图名等的文字。

著录内容:舆图的正题名及其说明、并列题名、其他题名,以及上述除并列题名外与各种题名相对应的汉语拼音。

元素修饰词:并列题名,其他题名

必备性:必备(M)

可重复性:可重复

5.1.1 并列题名

名称:parallel title

标签:并列题名

定义:对应正题名的其他文种图名。

必备性:有则必备(MA)

可重复性:可重复

5.1.2 其他题名

名称:other title

标签:其他题名

定义:正题名之外的各种题名。

必备性:可选(O)

可重复性:可重复

5.1.3 著录说明

(1)正题名应照录舆图中最主要的图名。

(2)正题名外说明图名的文字内容(如卷数等),著录在正题名之后,之前加冒号":"以示区别。

(3)舆图中如有中外两种以上文字对照的不同图名,应选择汉文图名作为正题名,其他文种题名作为并列题名著录。

(4)原图无汉文图名,而其图名文种又无法用计算机原样录入,可在题名元素著录其汉译图名,在并列题名处著录原图名的罗马字母转写,不能转写的则不予著录,但需在附注元素中予以说明。

(5)原图无图名,可根据有关文献予以考证;若无从考证,可根据舆图的内容、范围、时代、形式等自拟图名,作为正题名著录,并在附注元素中说明依据。参照《国家图书馆元数据核心元素集著录规则》(GC - FJ080116 D004 - 2 - 3)的做法,自拟图名和依据被著录舆图之外信息源所得的图名均不加方括号。

5.1.4 著录范例

例1 题名:中國鐵路路綫圖

拼音:zhong guo tie lu lu xian tu

并列题名:Railway Map of China

例2 题名:大清一統輿圖:三十卷

拼音:da qing yi tong yu tu

其他题名:皇朝中外一統輿圖

拼音:huang chao zhong wai yi tong yu tu

显示为:例1 题名:中國鐵路路綫圖

并列题名:Railway Map of China

例2 题名:大清一統輿圖:三十卷

其他题名:皇朝中外一統輿圖

5.2 主要责任者

名称:creator

标签:主要责任者

定义:对创建舆图内容负主要责任的实体。

著录内容:此项著录舆图主要责任者名称及责任者说明、责任方式。

元素修饰词:责任者说明,责任方式

规范档:待建

必备性:有则必备(MA)

可重复性:可重复

5.2.1 责任方式

名称:role

标签:责任方式

定义:主要责任者在舆图内容的形成过程中所做的工作。

著录内容:如:编绘,绘制,制,制图,撰修,绘,摹绘,著,等等。

必备性:有则必备(MA)

可重复性:不可重复

5.2.2 责任者说明

名称:statement of responsibility

标签:责任者说明

定义:对主要责任者国别、时代、身份等方面的说明。

必备性:有则必备(MA)

可重复性:不可重复

5.2.3 著录说明

(1)修订、增补、缩摹、改编、重绘、翻译的舆图,如果图上明确标示有原绘者,应以原绘者作为主要责任者,修订、增补、缩摹、改编、重绘、翻译者作为其他责任者著录。如果没有标明原绘者,则以上述方式中首要的责任者作为主要责任者。

(2)以团体名义编绘的舆图,在团体名称下题有个人姓名者,一般应以团体名作为主要责任者,个人姓名可作为其他责任者著录。

(3)1949 年以前的中国责任者须在"责任者说明"中著录朝代名的简称,如"唐""清""民国"等。

(4)外国责任者应在"责任者说明"中著录其国籍,国名可照录舆图的原题;国籍不明者,可不著录。其生卒年或所处时代必要时可著录在"附注"元素。

(5)外国责任者题有姓名原文者,可在中译名后加注原文,并置于圆括号"()"中。

5.2.4 著录范例

例 1 主要责任者:國際學術評論社地學研究部

拼音:guo ji xue shu ping lun she di xue yan jiu bu

责任者说明:日本

责任方式:編纂

例 2 主要责任者:内政部方域司

拼音:nei zheng bu fang yu si

责任者说明:清

责任方式:編繪

例 3 主要责任者:章育青

拼音:zhang yu qing

责任者说明:民國

责任方式:繪

显示为: 例 1 主要责任者:(日本)國際學術評論社地學研究部編纂

例 2 主要责任者:(清)内政部方域司編繪

例 3 主要责任者:(民國)章育青繪

5.3 其他责任者

名称:contributor

标签:其他责任者

定义:对舆图内容创建做出贡献的其他责任实体。

著录内容:此项著录舆图其他责任者名称及责任者说明、责任方式。

元素修饰词:责任者说明,责任方式

规范档:待建

必备性:有则必备(MA)

可重复性:可重复

5.3.1 责任方式

名称:role

标签:责任方式

定义:其他责任者在舆图内容的形成过程中所做的工作。

著录内容:如:撰修,纂,纂辑,增辑,编,编译,等等。

必备性:有则必备(MA)

可重复性:不可重复

5.3.2　责任者说明

名称:statement of responsibility

标签:责任者说明

定义:对其他责任者国别、时代、身份等方面的说明。

必备性:有则必备(MA)

可重复性:不可重复

5.3.3　著录说明

(1)其他责任者的著录方式与主要责任者相同。

(2)舆图中标示的第一种责任方式之后的其他责任方式的责任者,作为其他责任者著录。

5.3.4　著录范例

例1　其他责任者:潘平章

拼音:pan ping zhang

责任者说明:清

责任方式:繪

注:该舆图名是:漢西域圖考;主要责任者是:(清)李光廷撰

例2　其他责任者:鄒興巨

拼音:zou xing ju

责任者说明:民國

责任方式:校

注:该舆图名是:中國歷代疆域戰爭合圖;主要责任者为:(民國)歐陽纓

例3　其他责任者:徐振環

拼音:xu zhen huan

责任者说明:民國

责任方式:製

注:该舆图名是:華中內河民船公會配置圖;主要责任者为:(日)今井編

显示为:例1　其他责任者:(清)潘平章繪

例2　其他责任者:(民國)鄒興巨校

例3　其他责任者:(民國)徐振環製

5.4　日期

名称:date

标签:日期

定义:与舆图测绘、出版、印刷等行为相关的时间。

注释:日期的著录只要求著录到年。

著录内容:舆图的绘制、出版、印刷时间。

元素修饰词:测绘日期,出版日期,印刷日期

编码体系修饰词及其用法:

年号纪年:中国及其周边国家以皇帝(或国王)的年号或国号为名称的纪年法。中国封建王朝年号前应加中国朝代名,中国周边国家如日本、朝鲜等年号前应加国别名。

公元纪年:以耶稣出生之年算起的基督教纪年法,又称西元纪年,简称“公元”或“西元”。目前是世界上大多数国家的标准纪年。

必备性:有则必备(MA)

可重复性:可重复

5.4.1 测绘日期

名称:drawing

标签:测绘日期

定义:测量和绘制舆图的年份。

必备性:有则必备(MA)

可重复性:可重复

5.4.2 出版日期

名称:issued

标签:出版日期

定义:将舆图编印出来的年份。

必备性:有则必备(MA)

可重复性:可重复

5.4.3 印刷日期

名称:printed

标签:印刷日期

定义:将舆图资源印刷在纸张或制作在某种介质上的年份。

必备性:有则必备(MA)

可重复性:可重复

5.4.4 著录范例

例 1 出版日期:年号纪年:清光緒二十四年

公元纪年:1898

例 2 印刷日期:年号纪年:日本昭和十五年

公元纪年:1940

显示为: 例 1 出版日期:清光緒二十四年[1898]

例 2 印刷日期:日本昭和十五年[1940]

5.5 出版者

名称:publisher

标签:出版者

定义:对舆图的制作负责任的实体。

注释:出版者可以是个人或团体。

著录内容:包括出版地与出版者名称。此外还可以著录印刷者的名称和地点。

元素修饰词:出版地,印刷者,印刷地

必备性:有则必备(MA)

可重复性:可重复

5.5.1 出版地

名称:place of publication

标签:出版地

定义:实施出版行为的地点。

必备性:有则必备(MA)

可重复性:可重复

5.5.2 印刷者

名称:printer

标签:印刷者

定义:制作舆图复本的机构或个人。

必备性:有则必备(MA)

可重复性:可重复

5.5.3 印刷地

名称:place of printing

标签:印刷地

定义:实施印刷行为的地点。

必备性:有则必备(MA)

可重复性:可重复

5.5.4 著录说明

(1)若出版者与责任者相同,应重复著录其名称。

(2)出版地、印刷地应按舆图原题照录。

(3)同名而异地,或罕为人知的出版、印刷地点,可在地名之后著录该地名目前所属行政区划的省、市名,并置于方括号“[ ]”之内。

(4)外国地名如有同名或罕为人知,需在其后著录国名,并将国名置于方括号“[ ]”之内。

5.5.5 著录范例

例1 地点:北平

出版者:禹貢學會

例2 地点:上海

印刷者:大東書局

显示为: 例1 出版者:北平禹貢學會

例2 印刷者:上海大東書局

5.6 版本类型

名称:edition

标签:版本类型

定义:对舆图原物依据其制作工艺而划分的种类。

注释:如:绘本,彩绘本,刻本,石印本,影印本,铜版印本,彩印本,晒印本,拓本,油印本,等等。

著录内容:舆图的版本类型及其附加说明。

元素修饰词:版本说明

必备性:必备(M)

可重复性:可重复

5.6.1 版本说明

名称:edition statement

标签:版本说明

定义:对版本类型著录的补充说明,如绘制方法、印制方法或印次等。

著录内容:著录“摹繪”“縮繪”“彩色套印”“后印”等内容。

必备性:有则必备(MA)

可重复性:可重复

5.6.2 著录范例

例 1 版本类型:繪本

例 2 版本类型:繪本

版本说明:縮繪

例 3 版本类型:繪本

版本说明:摹繪

例 4 版本类型:刻本

版本说明:彩色套印

例 5 版本类型:刻本

版本说明:後印

例 6 版本类型:9 版

例 7 版本类型:石印本

例 8 版本类型:影印本

例 9 版本类型:影印本

版本说明:珂羅版

例 10 版本类型:影印本

版本说明:銅版

例 11 版本类型:曬印本

显示为: 例 1 版本:繪本

例 2 版本:繪本(縮繪)

例 3 版本:繪本(摹繪)

例 4 版本:刻本(彩色套印)

例 5 版本:刻本(後印)

例 6 版本:9 版

例 7 版本:石印本

例 8 版本:影印本

例 9 版本:影印本(珂羅版)

例 10 版本:影印本(銅版)

例 11 版本:曬印本

5.7 制图技法

名称:cartographic technique

标签:制图技法

定义:舆图原物制图技术方面的信息。

著录内容:说明舆图原物绘制时使用的有关技术方法。

元素修饰词:比例尺,投影方法,地形表示法

必备性:有则必备(MA)

可重复性:可重复

5.7.1 比例尺

名称:scale

标签:比例尺

定义:舆图上的距离与它们所代表的实际距离之比。

注释:比例尺有多种表示方法,如:数字式、文字式、图解式(线段式)等。

必备性:有则必备(MA)

可重复性:可重复

5.7.2 投影方法

名称:projections

标签:投影方法

定义:绘制舆图时将地球曲面展为平面的方法。

必备性:有则必备(MA)

可重复性:可重复

5.7.3 地形表示法

名称:cartography

标签:地形表示法

定义:将地球表面起伏不平的地形表示在平面图上的方法。

注释:如等高线法、分层设色法、晕渲法等。

必备性:有则必备(MA)

可重复性:可重复

5.7.4 著录说明

(1)数字式和文字式比例尺可照录舆图上比例尺的描述方法。

(2)图解式(线段式)比例尺可用文字进行描述;如果规定信息源中既有图解式比例尺,也有数字式比例尺,可只著录数字式比例尺;如果只有线段式比例尺,可以用文字描述的方法著录。

(3)如同一种舆图有多个不同比例尺,则应著录主比例尺或主图的比例尺;如果不能区分主次,则可以著录最大和最小的比例尺;详细内容也可在附注元素中进一步说明。

(4)如舆图没有标明比例尺,可不著录。

(5)"投影方法"应以舆图上的标注为依据照录;如果舆图上没有标明,则不著录投影法。

(6)"地形表示法"主要有写景法、晕渲法、等高线法、分层设色法等,著录时应注意使用上述专业术语。

5.7.5 著录范例

例1 比例尺:1∶600000

投影方法:等積圓錐投影

地形表示法:等高綫法,等高距25米

例2 比例尺:五十里方

投影方法:

地形表示法:

例3 比例尺:

投影方法:

地形表示法:寫景法

例4 比例尺:1厘米為500米

投影方法:

地形表示法:暈渲法

显示为: 例1 1∶600000;等積圓錐投影;等高綫法,等高距25米

例2 五十里方

例3 寫景法

例4 1厘米為500米;暈渲法

5.8 载体形态

名称:physical description

标签:载体形态

定义:舆图原物的外形特征。

著录内容:舆图的装订方式、数量、质地、色彩、尺寸。

元素修饰词:装订方式,数量,质地,色彩,尺寸,附件

必备性:必备(M)

可重复性:可重复

5.8.1 装订方式

名称:binding

标签:装订方式

定义:将已绘好或已印好的一幅或若干幅舆图加工为成品的方法。

注释:如卷轴装、蝴蝶装、包背装、线装、精装、平装、散装等。

必备性:可选(O)

可重复性:可重复

5.8.2 数量

名称:quantity

标签:数量

定义:指舆图载体形态的单位数量。

必备性:必备(M)

可重复性:可重复

5.8.3 质地

名称:material

标签:质地

定义:指舆图载体所用的物质材料。

必备性:可选(O)

可重复性:可重复

5.8.4 色彩

名称:color

标签:色彩

定义:指舆图绘制或印刷所使用的颜色种类。

必备性:可选(O)

可重复性:可重复

5.8.5 尺寸

名称:dimension

标签:尺寸

定义:舆图载体的幅面或图廓大小。

必备性:可选(O)

可重复性:可重复

5.8.6　附件

名称:accompanying material

标签:附件

定义:与舆图原物一起配套发行、便于舆图原物使用的附加物件。

注释:如地图说明书、索引等。

必备性:可选(O)

可重复性:可重复

5.8.7　著录说明

(1)装订方式应按舆图的装帧情况著录为卷轴装、蝴蝶装、摺装、包背装、线装、精装、平装等字样;没有装订的舆图可根据实际情况著录为散装、片叶式、摺叶等字样。

(2)单幅、多幅、多张的散叶舆图,数量直接著录到幅、张、面;如有函套,其后应加注几函、几盒字样,并用圆括号"()"括起。

(3)一幅分切为数张者,直接著录为"1 幅分切 × 張";如有函套,其后应加注几函、几盒字样,并用圆括号"()"括起。

(4)单册、多册的舆图,"数量"先著录册数后著录幅数;如有函套,其后应加注几函、几盒字样,并用圆括号"()"括起。如果幅数难于计算,也可以只著录册函数。

(5)质地指舆图本身所使用的载体材料,如纸、绢、布等。但纸质舆图可省略不著录。

(6)舆图颜色为黑白时,色彩可省略不著录;如果颜色种类不多,可著录颜色及颜色数量,如"朱墨二色""紅、黄、藍、黑四色"等;如颜色较多,则著录为"彩色"。

(7)单幅舆图一般著录其图廓的"纵 × 横"尺寸;无边框舆图可著录其纸张的"纵 × 横"尺寸。尺寸以 cm(厘米)为单位,不足 1cm 者按 1cm 计算。

(8)一图多幅的舆图,如系一幅分切、分裱的,著录其全幅尺寸;如各幅各有图廓,按每幅尺寸著录,尺寸相同者,前加"每幅"字样;各幅图廓尺寸不同者,著录为尺寸不等。

5.8.8　著录范例

例 1　装订方式:綫裝

数量:1 册 23 幅(1 函)

色彩:朱墨二色

尺寸:26 × 37cm

例2　装订方式:摺裝

数量:2 冊(1 函)

色彩:黃、綠、墨三色

尺寸:42 ×28cm

例3　装订方式:卷軸裝

数量:1 幅(1 函)

质地:絹地,黃綾裱褙

色彩:彩色

尺寸:89 ×125cm

例4　装订方式:片葉式

数量:1 幅分切 4 張(1 盒)

色彩:彩色

尺寸:160 ×260cm

例5　装订方式:卷軸裝

数量:1 幅分裱 8 軸(1 函)

色彩:彩色

尺寸:172 ×248cm

例6　装订方式:散裝

数量:12 張(1 函)

尺寸:每幅 21 ×36cm

显示为:例1　载体形态:綫裝;1 冊 23 幅(1 函);朱墨二色;26 ×37cm

例2　载体形态:摺裝;2 冊(1 函);黃、綠、墨三色;42 ×28cm

例3　载体形态:卷軸裝;1 幅(1 函);絹地,黃綾裱褙;彩色;89 ×125cm

例4　载体形态:片葉式;1 幅分切 4 張(1 盒);彩色;160 ×260cm

例5　载体形态:卷軸裝;1 幅分裱 8 軸(1 函);172 ×248cm

例6　载体形态:散裝;12 張(1 函);21 ×36cm

5.9　附注

名称:description

标签:附注

定义:对舆图内容的自由行文描述。

注释:此项著录有关舆图的各种注释。一般附注著录在“附注”元素中,与本元素中的修饰词有关的内容著录在各修饰词附注中。

著录内容:包括:一般附注,缺字附注,底本附注,丛编附注,子目附注,分图附注,附图附注,介绍舆图内容和形式的提要。

元素修饰词:缺字附注,底本附注,丛编附注,子目附注,分图附注,附图附注,提要

必备性:可选(O)

可重复性:可重复

5.9.1 缺字附注

名称:missing characters

标签:缺字附注

定义:对计算机暂时不能录入的汉字的描述。

注释:描述方法是:在等号“ = ”左边,用符号“〓”表示缺字;在等号“ = ”右边方括号“[ ]”内,用规定的形式、符号和文字来描述缺字,并在其后的圆括号“( )”内注明汉语拼音读音。参见国家图书馆编《汉语文古籍机读目录格式使用手册》相关部分。

必备性:可选(O)

可重复性:可重复

5.9.2 相关文献附注

名称:relation description

标签:相关文献附注

定义:对所依据的底本、根据该本复制的各种版本以及与之相关联文献的说明。

著录内容:摹绘、摹刻、影印所依据的底本,根据该本复制的其他版本,其他相关的版本。

必备性:可选(O)

可重复性:可重复

5.9.3 丛编附注

名称:relation description

标签:丛编附注

定义:在形式或内容乃至典藏方式等方面有一定关联并具有一个独立题名的舆图集合的名称及说明。

著录内容:被著录舆图所属丛编的题名及其责任说明等。

必备性:可选(O)

可重复性:可重复

5.9.4 子目附注

名称:table of contents

标签:子目附注

定义:一个舆图丛编中所包含的各种舆图的名称及说明。

著录内容:不单独立目的丛编子目。

必备性:可选(O)

可重复性:可重复

5.9.5　总图附注

名称:atlas description

标签:总图附注

定义:在一套舆图中能够总括其他分图内容的图的名称及说明。

著录内容:此修饰词意在说明所著录舆图属于某一个特定舆图集合。

必备性:可选(O)

可重复性:可重复

5.9.6　分图附注

名称:maps description

标签:分图附注

定义:对于一个地图集合中各单张或单幅地图名称及说明的集中著录。

著录内容:不单独立目的分图。

必备性:可选(O)

可重复性:可重复

5.9.7　附图附注

名称:attached

标签:附图附注

定义:对主图之外补充、诠释主图的图幅名称及说明的描述。

著录内容:不单独立目的附图。

必备性:可选(O)

可重复性:可重复

5.9.8　提要

名称:abstract

标签:提要

定义:舆图内容、形式的要点。

必备性:可选(O)

可重复性:可重复

5.9.9 著录范例

例1 附注:缺第2册

例2 缺字附注:〓=[王 雩](tu)

例3 子目附注:中越邊界圖第一段:2幅

中越邊界圖第二段:1幅

中越邊界圖第三段:3幅

中越邊界圖第四段:1幅

例4 相关文献附注:據清乾隆間繪本《避暑山莊圖》摹繪

例5 附图附注:城關圖

显示为:(内容同上)

5.10 收藏历史

名称:provenance

标签:收藏历史

定义:舆图原物在制成问世后的流传情况。

著录内容:舆图的收藏沿革、题跋印记、获得方式、购买价格等。

元素修饰词:获得方式,题跋印记

必备性:可选(O)

可重复性:可重复

5.10.1 获得方式

名称:availability

标签:获得方式

定义:舆图获得来源、购买价格。

必备性:可选(O)

可重复性:可重复

5.10.2 题跋印记

名称:inscription and seal

标签:题跋印记

定义:舆图原物上的题跋、钤印。

必备性:可选(O)

可重复性:可重复

5.10.3 著录范例

例 1 收藏历史:此圖原為福克司收藏

题跋印记:鈐印:“福克司”“雨讀齋藏”。

例 2 获得方式:本書購自德國,購價:歐元 200 元。

显示为:(内容同上)

5.11 相关资源

名称:relation

标签:相关资源

定义:与被著录舆图相关的其他舆图资源的各种链接。

著录内容:各种相关资源。

元素修饰词:丛编,子目,总图,分图,合订题名,书目文献,版本关联

编码体系修饰词及其用法:DOI,URI

必备性:可选(O)

可重复性:可重复

5.11.1 丛编

名称:is part of

标签:丛编

定义:在形式或内容乃至典藏方式等方面有一定关联,并具有一个独立题名的舆图集合。

注释:此处被链接的丛编必须有独立的元数据。

必备性:可选(O)

可重复性:可重复

5.11.2 子目

名称:has part

标签:子目

定义:组成舆图丛编的各个内容单元。

注释:此处被链接的子目必须有独立的元数据。

必备性:可选(O)

可重复性:可重复

5.11.3 总图

名称:relation atlas

标签:总图

定义:在一套舆图中能够总括其他分图内容的图。

注释:此处被链接的总图必须有独立的元数据。

必备性:可选(O)

可重复性:可重复

5.11.4 分图

名称:relation map

标签:分图

定义:一套舆图中的某一种,或一幅全图中被分割的某一部分舆图。

注释:此处被链接的分图必须有独立的元数据。

必备性:可选(O)

可重复性:可重复

5.11.5 合订题名

名称:bound with

标签:合订题名

定义:装订在一起、出版印刷情况完全相同但内容不同的另一种舆图的图名。

注释:此处被链接的舆图必须有独立的元数据。

著录内容:附图如果有独立的元数据,也可以在此处链接。

必备性:可选(O)

可重复性:可重复

5.11.6 书目文献

名称:is referenced by

标签:书目文献

定义:记载有该种舆图的书目或文献。

注释:此处被链接的书目或文献必须有独立的元数据。

必备性:可选(O)

可重复性:可重复

5.11.7 版本关联

名称:has version

标签:版本关联

定义:和被描述的舆图的底本及其他相关版本等内容的关联。

注释:此处被链接的可能是元数据的题名,也可能是网址。

必备性:可选(O)

可重复性:可重复

5.11.8 著录说明

该元素及元素修饰词中所著录的内容或为超链接,或为网址。

5.11.9 著录范例

例1 丛编:直隸山東輿地圖

例2 子目:青島

膠州灣

煙臺

……

例3 总图:中俄邊界圖

例4 合订题名:膠州灣青島詳圖

例5 合订题名:青島市街要塞圖

例6 书目文献:輿圖要錄

例7 版本关联:http://opac.nlc.gov.cn/F/AH44GL1GLJGLAB1UJGBR3KJMG4T6DDGED1R75Y57HLHAIAPQM7-53030?func=full-set-set&set_number=076992&set_entry=000002&format=999

显示为:(内容同上)

5.12 主题

名称:subject

标签:主题

定义:有关资源内容的描述。

注释:所依据的受控词表和分类体系可以依据需要选取。也就是说可以根据各收藏机构的实际情况扩展需要的修饰词。设计系统时,应为主题词设计相对应的汉语拼音自动生成功能,并允许手工录入和修改。

著录内容:与舆图内容有关的主题词或分类法类名。

编码体系修饰词及其用法:中国分类主题词表,中国图书馆分类法,地图分类法

规范档:逐步建成词表规范档。

必备性:可选(O)

可重复性:可重复

5.12.1　著录说明

主题词和类名可从受控词表或是规范的分类体系中选取，主题词也可采用自由词标引。各主题词或类名之间用逗号“，”间隔。

5.12.2　著录范例

例 1　中国分类主题词表:古舊地圖,中國,清代

拼音:gu jiu di tu,zhong guo,qing dai

例 2　主题:邊界圖,中國,越南

拼音:bian jie tu,zhong guo, yue nan

例 3　中国图书馆分类法:K992.652

例 4　地图分类法:032.4

显示为: 例 1　中国分类主题词表:歷史地圖,中國,清代

例 2　主题:邊界圖,中國,越南

例 3　中国图书馆分类法:K992.652

例 4　地图分类法:032.4

5.13　时空范围

名称:coverage

标签:时空范围

定义:舆图内容所涉及的地域范围和时间范围。

著录内容:地名和年代。

元素修饰词:地名,年代

编码体系修饰词及其用法:年号纪年,公元纪年

必备性:可选(O)

可重复性:可重复

5.13.1 地名

名称:spatial

标签:地名

定义:舆图内容所涉及的地域范围。

必备性:可选(O)

可重复性:可重复

5.13.2 年代

名称:temporal

标签:年代

定义:舆图内容所涉及的时间范围。

注释:年代应使用规范的朝代名和公元纪年。

编码体系修饰词及其用法:年号纪年,公元纪年

年号纪年以中国朝代(或日本、朝鲜、越南等国号)、帝王年号、纪年的内容顺序著录,如不能详细到年,要求至少著录到朝代。

公元纪年仅使用阿拉伯数字著录,不使用"公元""AD"等字样。

必备性:可选(O)

可重复性:可重复

5.13.3 著录说明

地名著录规范的今地名;如果有相同地名容易混淆,或者地名太小不易辨识等问题,应在其后著录高一级的现行行政区划,并置于圆括号中。

5.13.4 著录范例

例1 地名:西安
年代(年号纪年):唐
年代(公元纪年):618 – 907

例2 地名:河北省
年代(年号纪年):清光緒二十五年
年代(公元纪年):1899

例3 地名:通州区(南通市)
年代(年号纪年):清康熙
年代(公元纪年):1662 – 1722

5.14 语种

名称:language

标签:语种

定义:描述舆图内容的语言文字。

注释:多文种舆图按其主次顺序重复该元素著录,不使用诸如"满汉合璧""汉英合璧"等字样。

规范档:参见《世界语种代码表》(见《CALIS 联机合作编目手册》北京大学出版社 2000 年版)

必备性:必备(M)

可重复性:可重复

著录范例

例 1　语种:漢語

例 2　语种:滿語

语种:漢語

例 3　语种:英語

例 4　语种:日語

显示为:(同容同上)

5.15　文献保护

名称:ancient book preservation

标签:文献保护

定义:舆图的保存修复状况以及对其珍贵程度所进行的级别认证。

著录内容:舆图的珍贵程度和保存修复状况。

元素修饰词:文物级别,破损级别

必备性:可选(O)

可重复性:可重复

5.15.1　文物级别

名称:cultural relics level

标签:文物级别

定义:根据舆图原物珍贵程度所划分的级别。

著录内容:舆图的文物级别。

必备性:可选(O)

可重复性:可重复

5.15.2　破损级别

名称:damage level

标签:破损级别

定义:根据舆图原物损坏程度所划分的级别。

著录内容:舆图的破损级别。

必备性:可选(O)

可重复性:可重复

5.15.3　著录说明

(1)文物级别可依据《舆图定级标准》中的规定级别进行认定后规范著录。

（2）破损级别可依据中华人民共和国文化行业标准《古籍特藏破损定级标准》（WH/T 22—2006）进行规范著录。

5.16 馆藏信息

名称：location

标签：馆藏信息

定义：舆图收藏机构的相关信息。

著录内容：舆图所属机构。

元素修饰词：典藏址，典藏号，其他编号

必备性：有则必备（MA）

可重复性：可重复

5.16.1 典藏址

名称：specific location

标签：典藏址

定义：舆图实物在所属机构中的具体典藏位置。

术语类型：元素修饰词

必备性：有则必备（MA）

可重复性：可重复

5.16.2 典藏号

名称：call number

标签：典藏号

定义：舆图收藏单位为了检索和排架的需要而给予每一个舆图实物的一个特定号码。

注释：无

必备性：可选（O）

可重复性：可重复

5.16.3 其他编号

名称：other call number

标签：其他编号

定义：舆图收藏单位给予一部舆图实物除典藏号之外的其他特定编号。

著录内容：如入馆登录号等。

术语类型：元素修饰词

必备性:可选(O)

可重复性:可重复

5.16.4 著录范例

例1 馆藏信息:北京大學圖書館

例2 典藏址:輿圖库

例3 典藏号:Y/981.283/5544

例4 其他编号:000883-92

5.17 来源

名称:source

标签:来源

定义:与当前舆图数字资源直接有关的资源。

注释:注意此元素不著录间接的来源资源。

必备性:可选(O)

可重复性:可重复

5.17.1 著录说明

(1)当前数字资源部分或全部源自本元数据所描述的舆图原物,根据实际情况予以说明。

(2)当前数字资源不是直接源自本元数据所描述的舆图原物,而是源自于相关的缩微资料(胶卷、平片)等,应描述直接来源(也就是相关的缩微资料)的各方面情况。

5.17.2 著录范例

例1 来源:所描述資源掃描自北京大學圖書館輿圖庫所藏輿圖原物。

例2 来源:所描述資源掃描自北京大學圖書館藏縮微膠卷:35mm,負片,黑白;攝製於1990年。

显示为:相同

5.18 权限

名称:rights

标签:权限

定义:舆图资源本身的所有者权利信息或被赋予的权利信息。

注释:一般而言,权限元素包括一个对资源的权限管理的声明,或者是对提供这一信息的服务的参照。权限一般包括知识产权(IPR),版权和其他各种的产权。这里主要指舆图的服务范围。

著录内容:例如:馆内阅览,提供复制品阅览,提供电子传递,自由浏览,等等。

必备性:可选(O)

可重复性:可重复

著录范例:

权限:自由瀏覽

5.19 类型

名称:type

标签:类型

定义:根据资源内容形式特征进行的种类划分。

注释:此元素系在已设定的资源类型中选取。可以缺省取值为“舆图”或“舆图数字资源”。如果要描述舆图资源的文件格式、物理媒体或尺寸规格,应在“格式”元素中著录。

必备性:必备(M)

可重复性:可重复

5.20 格式

名称:format

标签:格式

定义:舆图数字资源、缩微资源的文件格式、物理载体或尺寸规格。

注释:如:jpeg

著录内容:当前资源为数字化资源或缩微资料时,著录此项。格式可以包括舆图资源的媒体类型或资源的大小,也可以用来标识展示或操作舆图资源所需的软硬件或其他相应设备。建议采用受控词表,例如 Internet 媒体类型[MIME]定义的计算机媒体格式。

必备性:可选(O)

可重复性:可重复

IMT

名称:IMT

标签:IMT

定义:资源的互联网媒体类型。

著录内容:可依据该网站著录 http://www.iana.org/assignments/media-types/index.html

必备性:可选(O)

可重复性:可重复

著录范例:

格式:image/jpeg,256 色,300dpi,12M

5.21 标识符

名称:identifier

标签:标识符

定义:舆图资源在一定体系下的唯一标识。

著录内容:舆图标识符。

注释:是由书目记录指向被著录舆图数字资源的链接点。

编码体系修饰词及其用法:URI

必备性:有则必备(MA)

可重复性:可重复

著录范例:

标识符:urn:CALIS:211011-rarebookcn/171025

5.22 其他复本信息

名称:copy

标签:其他复本信息

定义:与本记录所著录舆图原物在内容及版印方面相同的其他藏本的相关信息。

注释:此元素的设置是为了著录那些没有独立书目记录的其他复本舆图的相关信息。其他复本与记录所描述的舆图藏本(默认为复本 1)的内容和版本情况基本一致,但可能在装订形式、册函数、开本大小、获得方式、藏章印记、破损与完整情况、典藏地址、典藏号等方面有所不同。所以一般应该从载体形态、收藏历史、文献保护、馆藏信息等方面予以反映。

必备性:可选(O)

可重复性:可重复

著录说明

可以根据其他复本的各种不同情况采用不同的著录方法:

(1)如果其他复本的情况都有所不同,可以多次重复此元素,在每一个重复的"其他复本信息"元素中分别以"复本 2""复本 3"等标目,然后描述该复本在载体形态、附注、收藏历史、文献保护、馆藏信息等方面不同于复本 1 的各种情况;如果担心著录内容归属不明,可以在前面加上导语,如:“文物级别”“破损级别”“典藏址”“典藏号”等。

(2)如果仅个别复本在载体形态、收藏历史、文献保护、馆藏信息等方面情况有所不同,可以不重复此元素,仅在同一个“其他复本信息”元素中首先指出有几个复本,然后分别描述个别复本的相关不同情况。如果担心著录内容归属不明,可以在前面加上导语,如:“文物级别”“破损级别”“典藏址”“典藏号”等。

(3)如果其他复本在载体形态、附注、收藏历史、文献保护、馆藏信息等各方面情况都与复本 1 完全一致,也可以在同一个“其他复本信息”元素中将从复本 2 开始的所有其他复本集中标识,如“复本 2 - 复本 5”,之后不必再细加描述。

第三部分　国家图书馆舆图元数据著录实例

说明：

本著录实例的格式系模拟根据《国家图书馆舆图元数据著录规则》所实现的“著录系统”的著录界面。为尽量接近实际工作，实例中的文字均采用繁体字。著录实例共25条，全部根据北京大学图书馆所藏古籍数据编制，所选数据尽量涵盖《国家图书馆舆图元数据著录规则》中所涉及的元素、元素修饰词及编码体系修饰词，以充分验证此次提交的《国家图书馆舆图元数据规范》和《国家图书馆舆图元数据著录规则》的适用性和准确性。

例 1:河源圖

元素	元素修饰词	编码体系修饰词	实例
题名			河源圖
			he yuan tu
	并列题名		
	其他题名		
主要责任者			阿彌達
			a mi da
	责任者说明		清
	责任方式		繪製
其他责任者			
	责任者说明		
	责任方式		
日期	测绘日期	年号纪年	
		公元纪年	
	出版日期	年号纪年	清乾隆四十七年
		公元纪年	1782
	印刷日期	年号纪年	
		公元纪年	
出版者			武英殿
	出版地		北京
	印刷者		
	印刷地		
版本类型			刻本
	版本说明		
制图技法	比例尺		
	投影方法		
	地形表示法		
载体形态	装订方式		卷軸裝
	数量		1 幅分裱 5 軸(1 函)
	质地		
	色彩		墨色
	尺寸		70 × 113cm
	附件		

续表

元素	元素修饰词	编码体系修饰词	实例
附注			
	缺字附注		
	相关文献附注		
	从编附注		
	子目附注		
	总图附注		
	分图附注		
	附图附注		
	提要		
收藏历史			
	题跋印记		鈐印:“五福五代堂古稀天子寶”,“八徵耄念之寶”,“太上皇帝之寶”。
	获得方式		
文献保护			托裱後紙張硬化,出現較多裂紋。
	文物级别		二級輿圖
	破损级别		四級破損
相关资源			
	从编		
	子目		
	总图		
	分图		
	合订题名		
	书目文献		
主题			自然地理圖,地形圖,黄河流域
			zi ran di li tu, di xing tu, huang he liu yu
		中国分类主题词表	地圖,青海省,清代
			di tu, qing hai sheng, qing dai
		中国图书馆分类法	P98
		地图分类法	
时空范围	地名		青海省
	年代	年号纪年	清乾隆四十七年
		公元纪年	1782
语种			漢語

续表

元素	元素修饰词	编码体系修饰词	实例
语种			滿語
馆藏信息			北京大學圖書館
	典藏址		古籍特藏庫
	典藏号		X/981.27343/7113
	其他编号		登錄號:000856-60
来源			據北京大學圖書館藏輿圖原物掃描。
权限			提供電子傳遞
类型			輿圖
格式			image/jpeg,256 色,300dpi,2M
标识符			urn:CALIS:211011-rarebookcn/171017
其他复本信息			

例 2:兼代標下大同鎮北樓路屬金剛庫營把總王福繪畫所管肆至地理圖本

元素	元素修饰词	编码体系修饰词	实例
题名			兼代標下大同鎮北樓路屬金剛庫營把總王福繪畫所管肆至地理圖本
			jian dai biao xia da tong zhen bei lou lu shu jin gang ku ying ba zong wang fu hui hua suo guan si zhi di li tu ben
	并列题名		
	其他题名		
主要责任者			王福
			wang fu
	责任者说明		清
	责任方式		繪
其他责任者			
	责任者说明		
	责任方式		

续表

元素	元素修饰词	编码体系修饰词	实例
日期	测绘日期	年号纪年	
		公元纪年	
	出版日期	年号纪年	清末
		公元纪年	1821-1911
	印刷日期	年号纪年	
		公元纪年	
出版者			
	出版地		
	印刷者		
	印刷地		
版本类型			彩繪本
	版本说明		
制图技法	比例尺		
	投影方法		
	地形表示法		
载体形态	装订方式		摺葉
	数量		1 幅（1 夾）
	质地		
	色彩		彩色
	尺寸		52×51cm
	附件		
附注			地名貼紅，金剛庫營四至貼紅色浮籤。
	缺字附注		
	相关文献附注		
	从编附注		
	子目附注		
	总图附注		
	分图附注		
	附图附注		
	提要		
收藏历史			
	题跋印记		
	获得方式		

续表

元素	元素修饰词	编码体系修饰词	实例
文献保护			霉蝕處較多,紙葉邊緣有缺損。
	文物级别		三級文物
	破损级别		三級破損
相关资源			
	从编		
	子目		
	总图		
	分图		
	合订题名		
	书目文献		
主题			金剛庫營,北樓路,大同鎮,山西
			jing gang ku ying, bei lou lu, da tong zhen, shan xi
		中国分类主题词表	地圖,清代
			Ditu, qing dai
		中国图书馆分类法	K992.1
		地图分类法	
时空范围	地名		大同市
	年代	年号纪年	清末
		公元纪年	1821-1911
语种			漢語
馆藏信息			北京大學圖書館
	典藏址		古籍特藏庫
	典藏号		SB/981.214/8241
	其他编号		登錄號 000387
来源			據北京大學圖書館藏輿圖原物掃描。
权限			提供電子傳遞
类型			輿圖
格式			image/jpeg,256 色,300dpi,2.3M
标识符			urn:CALIS:211011-rarebookcn/182031
其他复本信息			

例 3:京兆北運河及其關係各河略圖

元素	元素修饰词	编码体系修饰词	实例
题名			京兆北運河及其關係各河略圖
			jing zhao bei yun he ji qi guan xi ge he lue tu
	并列题名		
	其他题名		
主要责任者			周象賢,萬樹芳
			zhou xiang xian, wan shu fang
	责任者说明		
	责任方式		繪
其他责任者			
	责任者说明		
	责任方式		
日期	测绘日期	年号纪年	
		公元纪年	
	出版日期	年号纪年	民國八年
		公元纪年	1919
	印刷日期	年号纪年	
		公元纪年	
出版者			
	出版地		
	印刷者		
	印刷地		
版本类型			曬印本
	版本说明		
制图技法	比例尺		
	投影方法		
	地形表示法		
载体形态	装订方式		摺葉
	数量		1 幅(1 函)
	质地		
	色彩		藍色
	尺寸		74×73cm
	附件		

续表

元素	元素修饰词	编码体系修饰词	实例
附注			圖中責任者註明“技正周象賢”“技士萬樹芳”。查周象賢民國初曾在北京政府内務部任技正。圖背面右上角有墨筆署“八年九月六日”。
	缺字附注		
	相关文献附注		
	从编附注		
	子目附注		
	总图附注		
	分图附注		
	附图附注		
	提要		
收藏历史			圖背面右上角有墨筆題:“三科特口妥存。八年九月六日。”
	题跋印记		
	获得方式		
文献保护			
	文物级别		
	破损级别		
相关资源			
	从编		
	子目		
	总图		
	分图		
	合订题名		
	书目文献		
主题			流域圖,北運河
			liu yu tu, bei yun he
		中国分类主题词表	地圖,清代
			di tu, qing dai
		中国图书馆分类法	
		地图分类法	

续表

元素	元素修饰词	编码体系修饰词	实例
时空范围	地名		北京市,河北省,天津市
	年代	年号纪年	民國六至八年
		公元纪年	1917-1919
语种			漢語
馆藏信息			北京大學圖書館
	典藏址		古籍特藏庫
	典藏号		X/981.27349/7727
	其他编号		
来源			
权限			提供電子傳遞
类型			輿圖
格式			
标识符			
其他复本信息			

例 4:永平府輿地全圖

元素	元素修饰词	编码体系修饰词	实例
题名			永平府輿地全圖
			yong ping fu yu di quan tu
	并列题名		
	其他题名		
主要责任者			游智開
			you zhi kai
	责任者说明		清
	责任方式		繪
其他责任者			
	责任者说明		
	责任方式		

续表

<table>
<tr><th>元素</th><th>元素修饰词</th><th>编码体系修饰词</th><th>实例</th></tr>
<tr><td rowspan="6">日期</td><td rowspan="2">测绘日期</td><td>年号纪年</td><td></td></tr>
<tr><td>公元纪年</td><td></td></tr>
<tr><td rowspan="2">出版日期</td><td>年号纪年</td><td>清光緒五年</td></tr>
<tr><td>公元纪年</td><td>1879</td></tr>
<tr><td rowspan="2">印刷日期</td><td>年号纪年</td><td></td></tr>
<tr><td>公元纪年</td><td></td></tr>
<tr><td rowspan="4">出版者</td><td></td><td></td><td>游智開</td></tr>
<tr><td>出版地</td><td></td><td></td></tr>
<tr><td>印刷者</td><td></td><td></td></tr>
<tr><td>印刷地</td><td></td><td></td></tr>
<tr><td rowspan="2">版本类型</td><td></td><td></td><td>刻本</td></tr>
<tr><td>版本说明</td><td></td><td>彩色套印</td></tr>
<tr><td rowspan="3">制图技法</td><td>比例尺</td><td></td><td>每方二十五里,斜三十五里</td></tr>
<tr><td>投影方法</td><td></td><td></td></tr>
<tr><td>地形表示法</td><td></td><td></td></tr>
<tr><td rowspan="6">载体形态</td><td>装订方式</td><td></td><td>卷軸裝</td></tr>
<tr><td>数量</td><td></td><td>1 軸(1 盒)</td></tr>
<tr><td>质地</td><td></td><td></td></tr>
<tr><td>色彩</td><td></td><td>彩色</td></tr>
<tr><td>尺寸</td><td></td><td>103×85cm</td></tr>
<tr><td>附件</td><td></td><td></td></tr>
<tr><td rowspan="9">附注</td><td></td><td></td><td></td></tr>
<tr><td>缺字附注</td><td></td><td></td></tr>
<tr><td>相关文献附注</td><td></td><td></td></tr>
<tr><td>丛编附注</td><td></td><td></td></tr>
<tr><td>子目附注</td><td></td><td></td></tr>
<tr><td>总图附注</td><td></td><td></td></tr>
<tr><td>分图附注</td><td></td><td></td></tr>
<tr><td>附图附注</td><td></td><td></td></tr>
<tr><td>提要</td><td></td><td></td></tr>
<tr><td rowspan="3">收藏历史</td><td></td><td></td><td></td></tr>
<tr><td>题跋印记</td><td></td><td></td></tr>
<tr><td>获得方式</td><td></td><td></td></tr>
</table>

<table>
<tr><th>元素</th><th>元素修饰词</th><th>编码体系修饰词</th><th>实例</th></tr>
<tr><td rowspan="3">文献保护</td><td></td><td></td><td></td></tr>
<tr><td>文物级别</td><td></td><td></td></tr>
<tr><td>破损级别</td><td></td><td></td></tr>
<tr><td rowspan="7">相关资源</td><td></td><td></td><td></td></tr>
<tr><td>丛编</td><td></td><td></td></tr>
<tr><td>子目</td><td></td><td></td></tr>
<tr><td>总图</td><td></td><td></td></tr>
<tr><td>分图</td><td></td><td></td></tr>
<tr><td>合订题名</td><td></td><td></td></tr>
<tr><td>书目文献</td><td></td><td></td></tr>
<tr><td rowspan="6">主题</td><td rowspan="6"></td><td></td><td>永平府，盧龍縣，河北省</td></tr>
<tr><td></td><td>yong ping fu, lu long xian, he bei sheng</td></tr>
<tr><td rowspan="2">中国分类主题词表</td><td>地圖，清代</td></tr>
<tr><td>di tu, qing dai</td></tr>
<tr><td>中国图书馆分类法</td><td></td></tr>
<tr><td>地图分类法</td><td></td></tr>
<tr><td rowspan="3">时空范围</td><td>地名</td><td></td><td>盧龍縣</td></tr>
<tr><td rowspan="2">年代</td><td>年号纪年</td><td>清光緒五年</td></tr>
<tr><td>公元纪年</td><td>1879</td></tr>
<tr><td>语种</td><td></td><td></td><td>漢語</td></tr>
<tr><td rowspan="4">馆藏信息</td><td></td><td></td><td>北京大學圖書館</td></tr>
<tr><td>典藏址</td><td></td><td>古籍特藏庫</td></tr>
<tr><td>典藏号</td><td></td><td>SB/981.211/3887</td></tr>
<tr><td>其他编号</td><td></td><td></td></tr>
<tr><td>来源</td><td></td><td></td><td>據北京大學圖書館藏輿圖原物掃描。</td></tr>
<tr><td>权限</td><td></td><td></td><td>提供電子傳遞</td></tr>
<tr><td>类型</td><td></td><td></td><td>輿圖</td></tr>
<tr><td>格式</td><td></td><td></td><td>image/jpeg，256 色，300dpi，2.1M</td></tr>
<tr><td>标识符</td><td></td><td></td><td>urn:CALIS:211011-rarebookcn/172404</td></tr>
<tr><td>其他复本信息</td><td></td><td></td><td></td></tr>
</table>

例 5:永濟幹渠草圖

元素	元素修饰词	编码体系修饰词	实例
题名			永濟幹渠草圖
			yong ji gan qu cao tu
	并列题名		
	其他题名		
主要责任者			佚名
			yi ming
	责任者说明		清
	责任方式		繪
其他责任者			
	责任者说明		
	责任方式		
日期	测绘日期	年号纪年	
		公元纪年	
	出版日期	年号纪年	清末
		公元纪年	1821-1911
	印刷日期	年号纪年	
		公元纪年	
出版者			
	出版地		
	印刷者		
	印刷地		
版本类型			繪本
	版本说明		
制图技法	比例尺		
	投影方法		
	地形表示法		
载体形态	装订方式		摺葉
	数量		1 幅(1 盒)
	质地		
	色彩		朱墨
	尺寸		86. 5 ×58. 5cm
	附件		

续表

元素	元素修饰词	编码体系修饰词	实例
附注			上南下北,左東右西。
	缺字附注		
	相关文献附注		
	从编附注		
	子目附注		
	总图附注		
	分图附注		
	附图附注		
	提要		
收藏历史			
	题跋印记		
	获得方式		購自中國書店。
文献保护			
	文物级别		
	破损级别		
相关资源			
	从编		
	子目		
	总图		
	分图		
	合订题名		
	书目文献		
主题			永濟渠,河北,河南,山東
			yong ji qu, he bei, he nan, shan dong
		中国分类主题词表	地圖,清代
			di tu, qing dai
		中国图书馆分类法	
		地图分类法	
时空范围	地名		河北,河南,山東
	年代	年号纪年	清末
		公元纪年	1821-1911
语种			漢語

续表

元素	元素修饰词	编码体系修饰词	实例
馆藏信息			北京大學圖書館
	典藏址		古籍特藏庫
	典藏号		SB/981. 211/3343
	其他编号		
来源			據北京大學圖書館藏輿圖原物掃描。
权限			提供電子傳遞
类型			輿圖
格式			image/jpeg,256 色,300dpi,1. 3M
标识符			urn:CALIS:211011-rarebookcn/170757
其他复本信息			

例 6:頤和園圖

元素	元素修饰词	编码体系修饰词	实例
题名			頤和園圖
			yi he yuan tu
	并列题名		MAP OF I HO YüAN
	其他题名		
主要责任者			北平市管理頤和園事務所
			bei ping shi guan li yi he yuan shi wu suo
	责任者说明		
	责任方式		繪製
其他责任者			
	责任者说明		
	责任方式		
日期	测绘日期	年号纪年	
		公元纪年	
	出版日期	年号纪年	民國二十三年
		公元纪年	1934
	印刷日期	年号纪年	
		公元纪年	

续表

元素	元素修饰词	编码体系修饰词	实例
出版者			北平市管理頤和園事務所
	出版地		北平
	印刷者		永華印刷局
	印刷地		北平
版本类型			彩印本
	版本说明		
制图技法	比例尺		1：2000
	投影方法		
	地形表示法		
载体形态	装订方式		摺葉
	数量		1 幅（1 函）
	质地		
	色彩		彩色
	尺寸		54.5×79cm
	附件		
附注			
	缺字附注		
	相关文献附注		
	丛编附注		
	子目附注		
	总图附注		
	分图附注		
	附图附注		
	提要		
收藏历史			
	题跋印记		
	获得方式		
文献保护			
	文物级别		
	破损级别		

续表

元素	元素修饰词	编码体系修饰词	实例
相关资源			
	从编		
	子目		
	合订题名		
	总图		
	分图		
	书目文献		
主题			頤和園,北平,北京
			yi he yuan, bei ping, bei jing
		中国分类主题词表	地圖,民國
			di tu, min guo
		中国图书馆分类法	
		地图分类法	
时空范围	地名		頤和園
	年代	年号纪年	民國二十三年
		公元纪年	1934
语种			漢語
馆藏信息			北京大學圖書館
	典藏址		古籍特藏庫
	典藏号		X/981. 211/1109
	其他编号		
来源			
权限			提供電子傳遞
类型			輿圖
格式			
标识符			
其他复本信息			另一複本典藏号為 X/981. 38/7266

例 7:直隸承德府楊家杖子營汛道里圖

元素	元素修饰词	编码体系修饰词	实例
题名			直隸承德府楊家杖子營汛道里圖
			zhi li cheng de fu yang jia zhang zi ying xun dao li tu
	并列题名		
	其他题名		
主要责任者			佚名
			yi ming
	责任者说明		清
	责任方式		繪
其他责任者			
	责任者说明		
	责任方式		
日期	测绘日期	年号纪年	
		公元纪年	
	出版日期	年号纪年	清光緒
		公元纪年	1875-1908
	印刷日期	年号纪年	
		公元纪年	
出版者			
	出版地		
	印刷者		
	印刷地		
版本类型			彩繪本
	版本说明		
制图技法	比例尺		
	投影方法		
	地形表示法		圖面粘有紅紙浮籤。
载体形态	装订方式		摺葉
	数量		1 幅(1 夾)
	质地		
	色彩		彩色
	尺寸		95×175cm
	附件		

续表

元素	元素修饰词	编码体系修饰词	实例
			圖名本館據圖中内容自擬。
附注	缺字附注		
	相关文献附注		
	从编附注		
	子目附注		
	总图附注		
	分图附注		
	附图附注		
	提要		
收藏历史			
	题跋印记		
	获得方式		
文献保护			
	文物级别		
	破损级别		
相关资源			
	从编		
	子目		
	总图		
	分图		
	合订题名		
	书目文献		
主题			營汛,楊家杖子,承德府,直隸
			ying xun, yang jia zhang zi, cheng de fu, zhi li
		中国分类主题词表	地圖,清代
			di tu, qing dai
		中国图书馆分类法	
		地图分类法	
时空范围	地名		承德市
	年代	年号纪年	清光緒
		公元纪年	1875-1908
语种			漢語

续表

元素	元素修饰词	编码体系修饰词	实例
馆藏信息			北京大學圖書館
	典藏址		古籍特藏庫
	典藏号		SB/981.241/4412
	其他编号		
来源			
权限			提供電子傳遞
资源类型			輿圖
格式			
标识符			
其他复本信息			

例8:灞河沖決堤口形勢圖

元素	元素修饰词	编码体系修饰词	实例
题名			灞河沖決堤口形勢圖
			ba he chong jue di kou xing shi tu
	并列题名		
	其他题名		
主要责任者			佚名
			yi ming
	责任者说明		清
	责任方式		繪
其他责任者			
	责任者说明		
	责任方式		
日期	测绘日期	年号纪年	
		公元纪年	
	出版日期	年号纪年	清末
		公元纪年	1821-1911

续表

元素	元素修饰词	编码体系修饰词	实例
	印刷日期	年号纪年	
		公元纪年	
出版者			
	出版地		
	印刷者		
	印刷地		
版本类型			彩繪本
	版本说明		
制图技法	比例尺		
	投影方法		
	地形表示法		
载体形态	装订方式		摺葉
	数量		1 幅(1 夾)
	质地		
	色彩		彩色
	尺寸		63 ×53. 5cm
	附件		
附注			墨筆注貼紅籤。
	缺字附注		
	相关文献附注		
	丛编附注		
	子目附注		
	总图附注		
	分图附注		
	附图附注		
	提要		
收藏历史			
	题跋印记		
	获得方式		
文献保护			
	文物级别		
	破损级别		

续表

元素	元素修饰词	编码体系修饰词	实例
相关资源			
	丛编		
	子目		
	总图		
	分图		
	合订题名		
	书目文献		
主题			灞河
			ba he
		中国分类主题词表	地圖,陝西,清代
			di tu, shan xi, qing dai
		中国图书馆分类法	
		地图分类法	
时空范围	地名		陕西省
	年代	年号纪年	清末
		公元纪年	1821-1911
语种			漢語
馆藏信息			北京大學圖書館
	典藏址		古籍特藏庫
	典藏号		SB/981. 227/3323
	其他编号		
来源			據北京大學圖書館藏輿圖原物掃描。
权限			提供電子傳遞
类型			輿圖
格式			image/jpeg,256 色,300dpi,2. 5M
标识符			urn:CALIS:211011-rarebookcn/170720
其他复本信息			

例 9：大地全球一覽之圖

元素	元素修饰词	编码体系修饰词	实例
题名			大地全球一覽之圖
			da di quan qiu yi lan zhi tu
	并列题名		
	其他题名		
主要责任者			六嚴
			lu yan
	责任者说明		清
	责任方式		摹繪
其他责任者			
	责任者说明		
	责任方式		
日期	测绘日期	年号纪年	
		公元纪年	
	出版日期	年号纪年	清咸豐元年
		公元纪年	1851
	印刷日期	年号纪年	
		公元纪年	
出版者			
	出版地		
	印刷者		
	印刷地		
版本类型			刻本
	版本说明		三色套印
制图技法	比例尺		
	投影方法		
	地形表示法		
载体形态	装订方式		卷軸裝
	数量		1 幅分裱 8 軸(1 函)
	质地		
	色彩		朱、墨、黄三色
	尺寸		226×166cm
	附件		

续表

元素	元素修饰词	编码体系修饰词	实例
附注			
	缺字附注		
	相关文献附注		
	从编附注		
	子目附注		
	总图附注		
	分图附注		
	附图附注		地球赤道以北總圖．地球赤道以南總圖。
	提要		
收藏历史			圖上貼有“北京市圖書出版業同業公會”朱印價簽，售價16元。
	题跋印记		
	获得方式		
文献保护			
	文物级别		
	破损级别		
相关资源			
	从编		
	子目		
	总图		
	分图		
	合订题名		
	书目文献		
主题			北半球，南半球
			bei ban qiu, nan ban qiu
		中国分类主题词表	地圖，世界
			di tu, shi jie
		中国图书馆分类法	
		地图分类法	
时空范围	地名		地球
	年代	年号纪年	清咸豐元年
		公元纪年	1851
语种			漢語

续表

<table>
<tr><th>元素</th><th>元素修饰词</th><th>编码体系修饰词</th><th>实例</th></tr>
<tr><td rowspan="4">馆藏信息</td><td></td><td></td><td>北京大學圖書館</td></tr>
<tr><td>典藏址</td><td></td><td>古籍特藏庫</td></tr>
<tr><td>典藏号</td><td></td><td>X/980. 3/0066</td></tr>
<tr><td>其他编号</td><td></td><td></td></tr>
<tr><td>来源</td><td></td><td></td><td>據北京大學圖書館藏輿圖原物掃描。</td></tr>
<tr><td>权限</td><td></td><td></td><td>提供電子傳遞</td></tr>
<tr><td>类型</td><td></td><td></td><td>輿圖</td></tr>
<tr><td>格式</td><td></td><td></td><td>jpeg</td></tr>
<tr><td rowspan="2">标识符</td><td></td><td></td><td>urn:CALIS:211011-rarebookcn/173385</td></tr>
<tr><td>记录标识符</td><td></td><td>PUL:359399</td></tr>
<tr><td>其他复本信息</td><td></td><td></td><td></td></tr>
</table>

例 10:暗射全中國及南洋圖

<table>
<tr><th>元素</th><th>元素修饰词</th><th>编码体系修饰词</th><th>实例</th></tr>
<tr><td rowspan="5">题名</td><td></td><td></td><td>暗射全中國及南洋圖</td></tr>
<tr><td></td><td></td><td>an she quan zhong guo ji nan yang tu</td></tr>
<tr><td>并列题名</td><td></td><td></td></tr>
<tr><td rowspan="2">其他题名</td><td></td><td></td></tr>
<tr><td></td><td></td></tr>
<tr><td rowspan="4">主要责任者</td><td></td><td></td><td>顧頡剛,鄭德坤</td></tr>
<tr><td></td><td></td><td>gu jie gang, zheng de kun</td></tr>
<tr><td>责任者说明</td><td></td><td></td></tr>
<tr><td>责任方式</td><td></td><td>編纂</td></tr>
<tr><td rowspan="4">其他责任者</td><td></td><td></td><td>吳志順</td></tr>
<tr><td></td><td></td><td>wu zhi shun</td></tr>
<tr><td>责任者说明</td><td></td><td></td></tr>
<tr><td>责任方式</td><td></td><td>繪圖</td></tr>
<tr><td rowspan="4">日期</td><td rowspan="2">测绘日期</td><td>年号纪年</td><td></td></tr>
<tr><td>公元纪年</td><td></td></tr>
<tr><td rowspan="2">出版日期</td><td>年号纪年</td><td>民國二十四年</td></tr>
<tr><td>公元纪年</td><td>1935</td></tr>
</table>

续表

元素	元素修饰词	编码体系修饰词	实例
	印刷日期	年号纪年	
		公元纪年	
出版者			禹貢學會
	出版地		北平
	印刷者		
	印刷地		
版本类型			彩印本
	版本说明		
制图技法	比例尺		一千萬分之一
	投影方法		
	地形表示法		
载体形态	装订方式		卷軸裝
	数量		1 幅
	质地		
	色彩		彩色
	尺寸		80×57cm
	附件		
附注			
	缺字附注		
	相关文献附注		
	从编附注		
	子目附注		
	总图附注		
	附图附注		
	分图附注		
	提要		
收藏历史			
	题跋印记		
	获得方式		
文献保护			
	文物级别		
	破损级别		

续表

<table>
<tr><th>元素</th><th>元素修饰词</th><th>编码体系修饰词</th><th>实例</th></tr>
<tr><td rowspan="7">相关资源</td><td></td><td></td><td></td></tr>
<tr><td>丛编</td><td></td><td>地圖底本</td></tr>
<tr><td>子目</td><td></td><td></td></tr>
<tr><td>总图</td><td></td><td></td></tr>
<tr><td>分图</td><td></td><td></td></tr>
<tr><td>合订题名</td><td></td><td></td></tr>
<tr><td>书目文献</td><td></td><td></td></tr>
<tr><td rowspan="6">主题</td><td rowspan="6"></td><td></td><td>南洋,歷史地圖,民國</td></tr>
<tr><td></td><td>nan yang, li shi di tu, min guo</td></tr>
<tr><td rowspan="2">中国分类主题词表</td><td>地圖,中國</td></tr>
<tr><td>di tu, zhong guo</td></tr>
<tr><td>中国图书馆分类法</td><td></td></tr>
<tr><td>地图分类法</td><td></td></tr>
<tr><td rowspan="3">时空范围</td><td>地名</td><td></td><td>中國,南洋</td></tr>
<tr><td rowspan="2">年代</td><td>年号纪年</td><td>民國二十四年</td></tr>
<tr><td>公元纪年</td><td>1935</td></tr>
<tr><td>语种</td><td></td><td></td><td>漢語</td></tr>
<tr><td rowspan="4">馆藏信息</td><td></td><td></td><td>北京大學圖書館</td></tr>
<tr><td>典藏址</td><td></td><td>古籍特藏庫</td></tr>
<tr><td>典藏号</td><td></td><td>X/980. 3/2642</td></tr>
<tr><td>其他编号</td><td></td><td></td></tr>
<tr><td>来源</td><td></td><td></td><td></td></tr>
<tr><td>权限</td><td></td><td></td><td>提供電子傳遞</td></tr>
<tr><td>类型</td><td></td><td></td><td>輿圖</td></tr>
<tr><td>格式</td><td></td><td></td><td></td></tr>
<tr><td>标识符</td><td></td><td></td><td></td></tr>
<tr><td>其他复本信息</td><td></td><td></td><td></td></tr>
</table>

例 11:八月二十六日正午頃浪子山寒坡岺附近戰鬪圖

元素	元素修饰词	编码体系修饰词	实例
题名			八月二十六日正午頃浪子山寒坡岺附近戰鬪圖
			ba yue er shi liu ri zheng wu qing lang zi shan han po ling fu jin zhan dou tu
	并列题名		
	其他题名		
主要责任者			
	责任者说明		
	责任方式		
其他责任者			
	责任者说明		
	责任方式		
日期	测绘日期	年号纪年	
		公元纪年	
	出版日期	年号纪年	日本明治三十八年至四十四年
		公元纪年	1905-1911
	印刷日期	年号纪年	
		公元纪年	
出版者			
	出版地		日本
	印刷者		
	印刷地		
版本类型			平版印本
	版本说明		三色套印
制图技法	比例尺		五萬分之一
	投影方法		
	地形表示法		等高綫法
载体形态	装订方式		摺葉
	数量		1 幅(1 夾)
	质地		
	色彩		朱、墨、藍三色

续表

元素	元素修饰词	编码体系修饰词	实例
	尺寸		73.5×78.5cm
	附件		
附注			
	缺字附注		
	相关文献附注		
	从编附注		
	子目附注		
	总图附注		
	分图附注		
	附图附注		
	提要		
收藏历史			
	题跋印记		
	获得方式		
文献保护			
	文物级别		
	破损级别		
相关资源			
	从编		
	子目		
	总图		
	分图		
	合订题名		
	书目文献		
主题			遼寧,日俄戰爭
			liao ning, ri e zhan zheng
		中国分类主题词表	地圖,清代
			di tu, qing dai
		中国图书馆分类法	
		地图分类法	
时空范围	地名		遼寧
	年代	年号纪年	日本明治三十八至四十四年
		公元纪年	1905-1911

续表

元素	元素修饰词	编码体系修饰词	实例
语种			漢語
语种			日語
馆藏信息			北京大學圖書館
	典藏址		古籍特藏庫
	典藏号		X/981.2875/8714
	其他编号		
来源			
权限			提供電子傳遞
类型			輿圖
格式			
标识符			
其他复本信息			

例 12:包寧鐵路工程圖說

元素	元素修饰词	编码体系修饰词	实例
题名			包寧鐵路工程圖說
			bao ning tie lu gong cheng tu shuo
	并列题名		
	其他题名		
主要责任者			卓宏謀
			zhuo hong mou
	责任者说明		
	责任方式		編
其他责任者			
	责任者说明		
	责任方式		
日期	测绘日期	年号纪年	
		公元纪年	
	出版日期	年号纪年	民國二十年
		公元纪年	1931

续表

元素	元素修饰词	编码体系修饰词	实例
	印刷日期	年号纪年	
		公元纪年	
出版者			卓宏謀
	出版地		
	印刷者		
	印刷地		
版本类型			彩印本
	版本说明		
制图技法	比例尺		三百二十萬分之一
	投影方法		
	地形表示法		
载体形态	装订方式		摺葉
	数量		1 幅(1 夾)
	质地		
	色彩		彩色
	尺寸		40×68cm
	附件		說明書 1 冊
附注			
	缺字附注		
	相关文献附注		
	从编附注		
	子目附注		包寧鐵路圖. 包寧工程圖
	总图附注		
	分图附注		
	附图附注		綏遠省圖. 寧夏省圖. 河套測量圖
	提要		
收藏历史			
	题跋印记		鈐印:“北平燕京大學圖書舘/PEIPING, CHINA/YENCHING UNIVERSITY LIBRARY”,“卓宏謀/H. M. Tsoh/本愚一字君實”。
	获得方式		
文献保护			
	文物级别		
	破损级别		

续表

元素	元素修饰词	编码体系修饰词	实例
相关资源	丛编		
	子目		
	合订题名		
	书目文献		
主题			路綫工程,包寧鐵路
			lu xian gong cheng, bao ning tie lu
		中国分类主题词表	地圖,民國
			di tu, min guo
		中国图书馆分类法	
		地图分类法	
时空范围	地名		綏遠省,寧夏省
	年代	年号纪年	民國二十年
		公元纪年	1931
语种			
馆藏信息			北京大學圖書館
	典藏址		古籍特藏庫
	典藏号		X/3079/2430/920
	其他编号		
来源			
权限			提供電子傳遞
类型			輿圖
格式			
标识符			
其他复本信息			

例 13:盛京吉林黑龍江等處標註戰蹟輿圖

元素	元素修饰词	编码体系修饰词	实例
题名			盛京吉林黑龍江等處標註戰蹟輿圖
			sheng jing ji lin hei long jiang deng chu biao zhu zhan ji yu tu
	并列题名		
	其他题名		

续表

元素	元素修饰词	编码体系修饰词	实例
主要责任者			弘晌[等]
			hong shang[deng]
	责任者说明		清
	责任方式		繪
其他责任者			
	责任者说明		
	责任方式		
日期	测绘日期	年号纪年	
		公元纪年	
	出版日期	年号纪年	日本昭和十年
		公元纪年	1935
	印刷日期	年号纪年	
		公元纪年	
出版者			滿洲文化協會
	出版地		大連
	印刷者		
	印刷地		
版本类型			影印本
	版本说明		
制图技法	比例尺		
	投影方法		
	地形表示法		
载体形态	装订方式		片葉式
	数量		26 幅(1 函)
	质地		
	色彩		墨色
	尺寸		61 ×92cm
	附件		
附注			
	缺字附注		
	相关文献附注		本圖係滿洲文化協會據大連滿鐵圖書館藏清乾隆年間繪本影印而成,原圖在“皇輿全圖”上標注而成。

续表

元素	元素修饰词	编码体系修饰词	实例
附注	从编附注		
	子目附注		
	总图附注		
	分图附注		
	附图附注		
	提要		
收藏历史			
	题跋印记		
	获得方式		
文献保护			
	文物级别		
	破损级别		
相关资源			
	从编		
	子目		
	总图		
	分图		
	合订题名		
	书目文献		
主题			古舊地圖，盛京，吉林，黑龍江
			gu jiu di tu, sheng jing, ji lin, hei long jiang
		中国分类主题词表	地圖
			di tu
		中国图书馆分类法	
		地图分类法	
时空范围	地名		盛京，吉林，黑龍江
	年代	年号纪年	清乾隆間
		公元纪年	1736-1781
语种			滿語
语种			漢語
馆藏信息			北京大學圖書館
	典藏址		古籍特藏庫
	典藏号		X/981.24/1367
	其他编号		

续表

元素	元素修饰词	编码体系修饰词	实例
来源			據北京大學圖書館藏輿圖原物掃描。
权限			提供電子傳遞
类型			輿圖
格式			image/jpeg,256 色,300dpi,58M
标识符			urn:CALIS:211011-rarebookcn/171126
其他复本信息			複本典藏号為 X/981.24/1367/C2

例 14:長江流域全圖

元素	元素修饰词	编码体系修饰词	实例
题名			長江流域全圖
			chang jiang liu yu quan tu
	并列题名		
	其他题名		
主要责任者			蘇甲榮
			su jia rong
	责任者说明		
	责任方式		著
其他责任者			
	责任者说明		
	责任方式		
日期	测绘日期	年号纪年	
		公元纪年	
	出版日期	年号纪年	民國十四年
		公元纪年	1925
	印刷日期	年号纪年	
		公元纪年	
出版者			新體中華地圖發行部
	出版地		北平
	印刷者		
	印刷地		

续表

元素	元素修饰词	编码体系修饰词	实例
版本类型			彩印本
	版本说明		初版
制图技法	比例尺		三百二十萬分之一
	投影方法		
	地形表示法		
载体形态	装订方式		卷軸裝
	数量		1 幅(1 盒)
	质地		
	色彩		彩色
	尺寸		64 ×94cm
	附件		
附注			
	缺字附注		
	相关文献附注		
	丛编附注		初中高小講授適用新體中華地理掛圖(第八幅)。
	子目附注		
	总图附注		
	分图附注		
	附图附注		沿江險要圖
	提要		
收藏历史			
	题跋印记		
	获得方式		
文献保护			
	文物级别		
	破损级别		
相关资源			
	丛编		
	子目		
	总图		
	分图		
	合订题名		
	书目文献		

续表

元素	元素修饰词	编码体系修饰词	实例
主题			長江流域
			chang jiang liu yu
		中国分类主题词表	地圖,民國
			di tu, min guo
		中国图书馆分类法	
		地图分类法	
时空范围	地名		長江流域
	年代	年号纪年	民國十四年
		公元纪年	1925
语种			漢語
馆藏信息			北京大學圖書館
	典藏址		古籍特藏庫
	典藏号		X/3077/7334.93
	其他编号		
来源			
权限			提供電子傳遞
类型			輿圖
格式			
标识符			
其他复本信息			

例 15:大清萬年一統地理全圖

元素	元素修饰词	编码体系修饰词	实例
题名			大清萬年一統地理全圖
			da qing wan nian yi tong di li quan tu
	并列题名		
	其他题名		
主要责任者			黃千人
			huang qian ren
	责任者说明		清
	责任方式		繪

续表

元素	元素修饰词	编码体系修饰词	实例
其他责任者			
	责任者说明		
	责任方式		
日期	测绘日期	年号纪年	
		公元纪年	
	出版日期	年号纪年	清嘉慶二十一年
		公元纪年	1816
	印刷日期	年号纪年	
		公元纪年	
出版者			
	出版地		
	印刷者		
	印刷地		
版本类型			拓本
	版本说明		藍綠套拓
制图技法	比例尺		
	投影方法		
	地形表示法		
载体形态	装订方式		卷軸裝
	数量		1 幅分裱 8 軸(1 函)
	质地		
	色彩		綠藍 2 色
	尺寸		142×240cm
	附件		
附注			
	缺字附注		
	相关文献附注		據清嘉慶十七年(1812)古吳近竹齋刻石拓印。
	丛编附注		
	子目附注		
	总图附注		
	分图附注		
	附图附注		
	提要		

续表

元素	元素修饰词	编码体系修饰词	实例
收藏历史			
	题跋印记		
	获得方式		圖上貼有“北京市圖書出版業同業公會”朱印價簽，售價20元。
文献保护			
	文物级别		
	破损级别		
相关资源			
	丛编		
	子目		
	总图		
	分图		
	合订题名		
	书目文献		
主题			
		中国分类主题词表	地圖，中國，清代
			di tu, zhong guo, qing dai
		中国图书馆分类法	
		地图分类法	
时空范围	地名		中國
	年代	年号纪年	清嘉慶二十一年
		公元纪年	1816
语种			漢語
馆藏信息			北京大學圖書館
	典藏址		古籍特藏庫
	典藏号		X/981.2/4348.1
	其他编号		
	其他复本信息		
来源			據北京大學圖書館藏輿圖原物掃描。
权限			提供電子傳遞
类型			輿圖
格式			image/jpeg，256色，300dpi，17M
标识符			urn:CALIS:211011-rarebookcn/171043
其他复本信息			另一複本典藏号：X/981.2/4348

例 16:大清郵政輿圖

元素	元素修饰词	编码体系修饰词	实例
题名			大清郵政輿圖
			da qing you zheng yu tu
	并列题名		china postal album showing the post offices and postal routes in each province
	其他题名		
主要责任者			
	责任者说明		
	责任方式		
其他责任者			
	责任者说明		
	责任方式		
日期	测绘日期	年号纪年	
		公元纪年	
	出版日期	年号纪年	清光緒三十三年
		公元纪年	1907
	印刷日期	年号纪年	
		公元纪年	
出版者			
	出版地		
	印刷者		通商海關造冊處(statistical department of the inspectorate ceneral of customs)
	印刷地		上海
版本类型			彩印本
	版本说明		
制图技法	比例尺		
	投影方法		
	地形表示法		

续表

元素	元素修饰词	编码体系修饰词	实例
载体形态	装订方式		蝴蝶装
	数量		1 冊(1 函)
	质地		
	色彩		彩色
	尺寸		48 ×32cm
	附件		
附注			註明各省郵局郵路。
	缺字附注		
	相关文献附注		
	从编附注		
	子目附注		
	总图附注		
	分图附注		
	附图附注		
	提要		
收藏历史			
	题跋印记		
	获得方式		
文献保护			
	文物级别		
	破损级别		
相关资源			
	从编		
	子目		
	总图		
	分图		
	合订题名		
	书目文献		
主题			
		中国分类主题词表	地圖,郵政,中國,清代
			di tu, you zheng, zhong guo, qing dai
		中国图书馆分类法	
		地图分类法	

续表

元素	元素修饰词	编码体系修饰词	实例
时空范围	地名		中國
	年代	年号纪年	清光緒三十三年
		公元纪年	1907
语种			漢語
馆藏信息			北京大學圖書館
	典藏址		古籍特藏庫
	典藏号		X/636.9812/4321
	其他编号		
来源			據北京大學圖書館藏輿圖原物掃描。
权限			提供電子傳遞
类型			輿圖
格式			image/jpeg,256 色,300dpi,71M
标识符			urn:CALIS:211011-rarebookcn/172005
其他复本信息			

例 17:雲南省全圖

元素	元素修饰词	编码体系修饰词	实例
题名			雲南省全圖
			yun nan sheng quan tu
	并列题名		A COMPREHENSIVE MAP OF YUNNAN PROVINCE
	其他题名		雲南省明細全圖
			yun nan sheng ming xi quan tu
主要责任者			童世亨
			tong shi heng
	责任者说明		
	责任方式		著
其他责任者			
	责任者说明		
	责任方式		

续表

元素	元素修饰词	编码体系修饰词	实例
日期	测绘日期	年号纪年	
		公元纪年	
	出版日期	年号纪年	民國七年
		公元纪年	1918
	印刷日期	年号纪年	
		公元纪年	
出版者			商務印書館
	出版地		上海
	印刷者		
	印刷地		
版本类型			彩印本
	版本说明		
制图技法	比例尺		一百七十五萬分之一
	投影方法		
	地形表示法		
载体形态	装订方式		摺葉
	数量		1 幅(1 夾)
	质地		
	色彩		彩色
	尺寸		55 ×82cm
	附件		
附注			圖上注出版年為“民國六年十一月”,封套注為“民國七年一月初版”。
	缺字附注		
	相关文献附注		
	从编附注		
	子目附注		
	总图附注		
	分图附注		
	附图附注		昆明省會圖. 片馬形勢圖. 光緒三十一年雲南署迤西道石鴻韶奉委同英領事烈敦會勘滇緬北段騰邊界務失地之圖。
	提要		

续表

元素	元素修饰词	编码体系修饰词	实例
收藏历史			
	题跋印记		鈐印:"燕京大學圖書館"。
	获得方式		
文献保护			
	文物级别		
	破损级别		
相关资源			
	丛编		
	子目		
	总图		
	分图		
	合订题名		
	书目文献		
主题			
		中国分类主题词表	地圖,雲南省,民國
			di tu, yun nan sheng, min guo
		中国图书馆分类法	
		地图分类法	
时空范围	地名		雲南省
	年代	年号纪年	民國六年
		公元纪年	1917
语种			漢語
馆藏信息			北京大學圖書館
	典藏址		古籍特藏庫
	典藏号		X/3078.5/0140.96
	其他编号		
来源			據北京大學圖書館藏輿圖原物掃描。
权限			提供電子傳遞
类型			輿圖
格式			image/jpeg,256 色,300dpi,1.9M
标识符			urn:CALIS:211011-rarebookcn/171543
其他复本信息			

例 18:永定河養馬廠河灘地圖

元素	元素修饰词	编码体系修饰词	实例
题名			永定河養馬廠河灘地圖
			yong ding he yang ma chang he tan di tu
	并列题名		
	其他题名		
主要责任者			永定河河務局技術科
			yong ding he he wu ju ji shu ke
	责任者说明		
	责任方式		製
其他责任者			
	责任者说明		
	责任方式		
日期	测绘日期	年号纪年	
		公元纪年	
	出版日期	年号纪年	民國十年
		公元纪年	1921
	印刷日期	年号纪年	
		公元纪年	
出版者			永定河河務局
	出版地		北平
	印刷者		
	印刷地		
版本类型			曬印本
	版本说明		
制图技法	比例尺		每英寸代四百華尺
	投影方法		
	地形表示法		
载体形态	装订方式		摺葉
	数量		1 幅(1 夾)
	质地		
	色彩		藍色
	尺寸		63 × 115cm
	附件		

续表

元素	元素修饰词	编码体系修饰词	实例
附注			
	缺字附注		
	相关文献附注		
	丛编附注		
	子目附注		
	总图附注		
	分图附注		
	附图附注		
	提要		
收藏历史			
	题跋印记		
	获得方式		
文献保护			
	文物级别		
	破损级别		
相关资源			
	丛编		
	子目		
	总图		
	分图		
	合订题名		
	书目文献		
主题			河灘地,永定河,養馬廠
			he tan di, yong ding he, yang ma chang
		中国分类主题词表	地圖,民國
			di tu, min guo
		中国图书馆分类法	
		地图分类法	
时空范围	地名		永定河
	年代	年号纪年	民國十年
		公元纪年	1921
语种			漢語

续表

元素	元素修饰词	编码体系修饰词	实例
馆藏信息			北京大學圖書館
	典藏址		古籍特藏庫
	典藏号		X/981.27348/3333
	其他编号		
来源			
权限			提供電子傳遞
类型			輿圖
格式			
标识符			
其他复本信息			

例 19:最新北平全市詳圖

元素	元素修饰词	编码体系修饰词	实例
题名			最新北平全市詳圖
			zui xin bei ping quan shi xiang tu
	并列题名		
	其他题名		
主要责任者			
	责任者说明		
	责任方式		
其他责任者			
	责任者说明		
	责任方式		
日期	测绘日期	年号纪年	
		公元纪年	
	出版日期	年号纪年	民國二十三年
		公元纪年	1934
	印刷日期	年号纪年	
		公元纪年	

续表

元素	元素修饰词	编码体系修饰词	实例
出版者			
	出版地		
	印刷者		建設圖書舘印刷部
	印刷地		北平
版本类型			彩印本
	版本说明		
制图技法	比例尺		一萬五千分之一
	投影方法		
	地形表示法		
载体形态	装订方式		摺葉
	数量		1幅(1函)
	质地		
	色彩		彩色
	尺寸		79×55cm
	附件		
附注			
	缺字附注		
	相关文献附注		
	从编附注		
	子目附注		
	总图附注		
	分图附注		
	附图附注		
	提要		
收藏历史			
	题跋印记		鈐印:“北平中法大學文學院圖書館藏書”,“北京大學圖書館藏印”,“北京大學圖書館藏”。
	获得方式		
文献保护			
	文物级别		
	破损级别		
相关资源	从编		
	子目		
	合订题名		
	书目文献		

续表

元素	元素修饰词	编码体系修饰词	实例
主题			北平市,民國
			bei ping shi, min guo
		中国分类主题词表	地圖,北京
			di tu, bei jing
		中国图书馆分类法	
		地图分类法	
时空范围	地名		北平
	年代	年号纪年	民國二十三年
		公元纪年	1934
语种			漢語
馆藏信息			北京大學圖書館
	典藏址		古籍特藏庫
	典藏号		X/981.2111/6011
	其他编号		
来源			
权限			提供電子傳遞
类型			輿圖
格式			
标识符			
其他复本信息			

例 20:蘭州府

元素	元素修饰词	编码体系修饰词	实例
题名			蘭州府
			lan zhou fu
	并列题名		LAN-TCHEOU FOU
	其他题名		
主要责任者			法國地學會
			fa guo di xue hui
	责任者说明		法國
	责任方式		編

续表

元素	元素修饰词	编码体系修饰词	实例
其他责任者			
	责任者说明		
	责任方式		
日期	测绘日期	年号纪年	
		公元纪年	
	出版日期	年号纪年	清光緒二十七年
		公元纪年	1901
	印刷日期	年号纪年	
		公元纪年	
出版者			SERVICE GEOGRAPHIQUE DE L'ARMÉE
	出版地		法國
	印刷者		
	印刷地		
版本类型			彩印本
	版本说明		
制图技法	比例尺		1∶1000000
	投影方法		
	地形表示法		
載體形態	装订方式		卷軸裝
	数量		1 幅(1 函)
	质地		
	色彩		彩色
	尺寸		47 ×56cm
	附件		
附注			
	缺字附注		
	相关文献附注		
	丛编附注		
	子目附注		
	总图附注		
	分图附注		
	附图附注		
	提要		

续表

元素	元素修饰词	编码体系修饰词	实例
收藏历史			
	题跋印记		鈐印:"北平燕京大學圖書館/PEIPING, CHINA/YENCHING UNIVERSITY LIBRARY"。
	获得方式		
文献保护			
	文物级别		
	破损级别		
相关资源			
	丛编		
	子目		
	总图		
	分图		
	合订题名		
	书目文献		
主题			蘭州,甘肅省
			lan zhou, gan su sheng
		中国分类主题词表	地圖,清代
			di tu, qing dai
		中国图书馆分类法	
		地图分类法	
时空范围	地名		蘭州市
	年代	年号纪年	清光緒二十七年
		公元纪年	1901
语种			法語
馆藏信息			北京大學圖書館
	典藏址		古籍特藏庫
	典藏号		X/3076.9/88364
	其他编号		
来源			
权限			提供電子傳遞
类型			輿圖
格式			
标识符			
其他复本信息			

例 21:滿洲縣别可耕地對既耕地割合圖

元素	元素修饰词	编码体系修饰词	实例
题名			滿洲縣别可耕地對既耕地割合圖
			man zhou xian bie ke geng di dui ji geng di ge he tu
	并列题名		
	其他题名		
主要责任者			南滿洲鐵道株式會社經濟調查會
			nan man zhou tie dao zhu shi hui she jing ji diao cha hui
	责任者说明		日本
	责任方式		編纂
其他责任者			
	责任者说明		
	责任方式		
日期	测绘日期	年号纪年	
		公元纪年	
	出版日期	年号纪年	日本昭和七年
		公元纪年	1932
	印刷日期	年号纪年	
		公元纪年	
出版者			滿洲文化協會
	出版地		大連
	印刷者		
	印刷地		
版本类型			彩印本
	版本说明		
制图技法	比例尺		二百萬分之一
	投影方法		
	地形表示法		
载体形态	装订方式		摺葉
	数量		1 幅(1 盒)
	质地		
	色彩		彩色
	尺寸		91×74cm
	附件		

续表

元素	元素修饰词	编码体系修饰词	实例
附注			
	缺字附注		
	相关文献附注		
	从编附注		
	子目附注		
	总图附注		
	分图附注		
	附图附注		
	提要		
收藏历史			
	题跋印记		"北平燕京大學圖書舘/PEIPING, CHINA/YEN CHING UNIVERSITY LIBRARY"。
	获得方式		
文献保护			
	文物级别		
	破损级别		
相关资源			
	从编		
	子目		
	总图		
	分图		
	合订题名		
	书目文献		
主题			耕地,示意圖,東北地區
			geng di, shi yi tu, dong bei di qu
		中国分类主题词表	地圖
			di tu
		中国图书馆分类法	
		地图分类法	
时空范围	地名		滿洲
	年代	年号纪年	日本昭和七年
		公元纪年	1932
语种			漢語

续表

元素	元素修饰词	编码体系修饰词	实例
馆藏信息			北京大學圖書館
	典藏址		古籍特藏庫
	典藏号		X/3076/4383/921
	其他编号		
来源			
权限			提供電子傳遞
类型			輿圖
格式			
标识符			
其他复本信息			

例 22：象形中華民國人物輿地圖

元素	元素修饰词	编码体系修饰词	实例
题名			象形中華民國人物輿地圖
			xiang xing zhong hua min guo ren wu yu di tu
	并列题名		MAP OF CHINA
	其他题名		
主要责任者			基亞濶夫
			ji ya kuo fu
	责任者说明		蘇聯
	责任方式		製
其他责任者			
	责任者说明		
	责任方式		
日期	测绘日期	年号纪年	
		公元纪年	
	出版日期	年号纪年	民國二十年
		公元纪年	1931
	印刷日期	年号纪年	
		公元纪年	

续表

元素	元素修饰词	编码体系修饰词	实例
出版者			北方商業石印局
	出版地		哈爾濱
	印刷者		
	印刷地		
版本类型			彩印本
	版本说明		
制图技法	比例尺		1:32000000
	投影方法		
	地形表示法		
载体形态	装订方式		摺葉
	数量		1 幅(1 函)
	质地		
	色彩		彩色
	尺寸		139×186cm
	附件		
附注			大學中學通用
	缺字附注		
	相关文献附注		
	从编附注		
	子目附注		
	总图附注		
	分图附注		
	附图附注		
	提要		
收藏历史			
	题跋印记		
	获得方式		
文献保护			
	文物级别		
	破损级别		

续表

<table>
<tr><th>元素</th><th>元素修饰词</th><th>编码体系修饰词</th><th>实例</th></tr>
<tr><td rowspan="7">相关资源</td><td></td><td></td><td></td></tr>
<tr><td>丛编</td><td></td><td></td></tr>
<tr><td>子目</td><td></td><td></td></tr>
<tr><td>总图</td><td></td><td></td></tr>
<tr><td>分图</td><td></td><td></td></tr>
<tr><td>合订题名</td><td></td><td></td></tr>
<tr><td>书目文献</td><td></td><td></td></tr>
<tr><td rowspan="6">主题</td><td rowspan="6"></td><td rowspan="2"></td><td>民族分布圖</td></tr>
<tr><td>min zu fen bu tu</td></tr>
<tr><td rowspan="2">中国分类主题词表</td><td>地圖,中國</td></tr>
<tr><td>di tu, zhong guo</td></tr>
<tr><td>中国图书馆分类法</td><td></td></tr>
<tr><td>地图分类法</td><td></td></tr>
<tr><td rowspan="3">时空范围</td><td>地名</td><td></td><td>中國</td></tr>
<tr><td rowspan="2">年代</td><td>年号纪年</td><td>民國二十年</td></tr>
<tr><td>公元纪年</td><td>1931</td></tr>
<tr><td>语种</td><td></td><td></td><td>漢語</td></tr>
<tr><td rowspan="4">馆藏信息</td><td></td><td></td><td>北京大學圖書館</td></tr>
<tr><td>典藏址</td><td></td><td>古籍特藏庫</td></tr>
<tr><td>典藏号</td><td></td><td>X/981.2816/3402</td></tr>
<tr><td>其他编号</td><td></td><td></td></tr>
<tr><td>来源</td><td></td><td></td><td></td></tr>
<tr><td>权限</td><td></td><td></td><td>提供電子傳遞</td></tr>
<tr><td>类型</td><td></td><td></td><td>輿圖</td></tr>
<tr><td>格式</td><td></td><td></td><td></td></tr>
<tr><td>标识符</td><td></td><td></td><td></td></tr>
<tr><td>其他复本信息</td><td></td><td></td><td></td></tr>
</table>

例 23:西康西藏詳圖

元素	元素修饰词	编码体系修饰词	实例
题名			西康西藏詳圖
			xi kang xi zang xiang tu
	并列题名		
	其他题名		
主要责任者			趙琁,李炳衛
			zhao xuan, li bing wei
	责任者说明		
	责任方式		繪
其他责任者			成集三,童卓然,崔子欽
			cheng ji san, tong zhuo ran, cui zi qin
	责任者说明		
	责任方式		校勘
日期	测绘日期	年号纪年	
		公元纪年	
	出版日期	年号纪年	民國二十四年
		公元纪年	1935
	印刷日期	年号纪年	
		公元纪年	
出版者			商務印書館
	出版地		上海
	印刷者		
	印刷地		
版本类型			彩印本
	版本说明		初版
制图技法	比例尺		二百四十萬分之一
	投影方法		
	地形表示法		等高綫法,分層設色法
载体形态	装订方式		摺葉
	数量		1 幅(1 夾)
	质地		
	色彩		彩色
	尺寸		65 × 109cm
	附件		

续表

元素	元素修饰词	编码体系修饰词	实例
附注			
	缺字附注		
	相关文献附注		
	从编附注		
	子目附注		
	总图附注		
	分图附注		
	附图附注		康藏之地位. 拉薩. 康定. 西藏印度間之交通要道。
	提要		
收藏历史			
	题跋印记		
	获得方式		
文献保护			
	文物级别		
	破损级别		
相关资源			
	从编		
	子目		
	总图		
	分图		
	合订题名		
	书目文献		
主题			地形圖，西藏，西康
			di xing tu, xi zang, xi kang
		中国分类主题词表	地圖，民國
			di tu, min guo
		中国图书馆分类法	
		地图分类法	
时空范围	地名		西康，西藏
	年代	年号纪年	民國二十四年
		公元纪年	1935
语种			漢語

续表

元素	元素修饰词	编码体系修饰词	实例
馆藏信息			北京大學圖書館
	典藏址		古籍特藏庫
	典藏号		X/981.228/4918
	其他编号		
来源			
权限			
类型			輿圖
格式			
标识符			
其他复本信息			

例 24:烏梁海

元素	元素修饰词	编码体系修饰词	实例
题名			烏梁海
			wu liang hai
	并列题名		
	其他题名		
主要责任者			顧頡剛,鄭德坤
			gu jie gang, zheng de kun
	责任者说明		
	责任方式		編纂
其他责任者			吳志順,趙琁
			wu zhi shun, zhao xuan
	责任者说明		
	责任方式		繪製
日期	测绘日期	年号纪年	
		公元纪年	
	出版日期	年号纪年	民國二十六年
		公元纪年	1937
	印刷日期	年号纪年	
		公元纪年	

续表

元素	元素修饰词	编码体系修饰词	实例
出版者			禹貢學會
	出版地		北平
	印刷者		
	印刷地		
版本类型			彩印本
	版本说明		
制图技法	比例尺		二百萬分之一
	投影方法		
	地形表示法		
载体形态	装订方式		卷軸裝
	数量		1 幅(1 盒)
	质地		
	色彩		彩色
	尺寸		32×40cm
	附件		
附注			
	缺字附注		
	相关文献附注		
	从编附注		地圖底本甲種:第五號
	子目附注		
	总图附注		
	分图附注		
	附图附注		
	提要		
收藏历史			
	题跋印记		
	获得方式		
文献保护			
	文物级别		
	破损级别		

续表

元素	元素修饰词	编码体系修饰词	实例
相关资源			
	从编		
	子目		
	总图		
	分图		
	合订题名		
	书目文献		
主题			烏梁海,外蒙古
			wu liang hai, wai meng gu
		中国分类主题词表	地圖,民國
			di tu, min guo
		中国图书馆分类法	
		地图分类法	
时空范围	地名		烏梁海,外蒙古
	年代	年号纪年	民國二十六年
		公元纪年	1937
语种			漢語
馆藏信息			北京大學圖書館
	典藏址		古籍特藏庫
	典藏号		X/980.3/2642
	其他编号		
来源			
权限			
类型			輿圖
格式			
标识符			
其他复本信息			

例 25：天津

元素	元素修饰词	编码体系修饰词	实例
题名			天津
			tian jin
	并列题名		Tiëntsin
	其他题名		
主要责任者			大德陸軍参謀處測量部
			da de lu jun can mou chu ce liang bu
	责任者说明		德國
	责任方式		繪
其他责任者			
	责任者说明		
	责任方式		
日期	测绘日期	年号纪年	
		公元纪年	
	出版日期	年号纪年	清光緒三十三年
		公元纪年	1907
	印刷日期	年号纪年	
		公元纪年	
出版者			大德陸軍参謀處測量部
	出版地		
	印刷者		
	印刷地		
版本类型			彩印本
	版本说明		
制图技法	比例尺		二十萬分之一
	投影方法		
	地形表示法		
载体形态	装订方式		卷軸裝
	数量		1 幅(1 盒)
	质地		
	色彩		彩色
	尺寸		38×45cm
	附件		

续表

元素	元素修饰词	编码体系修饰词	实例
附注			
	缺字附注		
	相关文献附注		
	从编附注		直隸山東輿地圖(Karte von Tschili und Schantung, F11)
	子目附注		
	总图附注		
	分图附注		
	附图附注		
	提要		
收藏历史			
	题跋印记		
	获得方式		
文献保护			
	文物级别		
	破损级别		
相关资源			
	从编		
	子目		
	总图		
	分图		
	合订题名		
	书目文献		
主题			天津,清代
			tian jin, qing dai
		中国分类主题词表	地圖
			di tu
		中国图书馆分类法	
		地图分类法	
时空范围	地名		天津
	年代	年号纪年	清光緒三十三年
		公元纪年	1907
语种			德語

续表

元素	元素修饰词	编码体系修饰词	实例
语种			漢語
馆藏信息			北京大學圖書館
	典藏址		古籍特藏庫
	典藏号		Y/3076.4/13388
	其他编号		
来源			
权限			
类型			輿圖
格式			
标识符			
其他复本信息			

参考文献

1. 专门数字对象描述元数据规范子项目组．专门数字对象描述元数据规范设计指南(科技部科技基础性工作专项资金重大项目研究成果),2004
2. 北京大学图书馆《国家图书馆元数据总则项目》项目组．《国家图书馆元数据总则》系列文件,2010
3. 肖珑,申晓娟．国家图书馆元数据应用总则规范汇编．北京:国家图书馆出版社,2011
4. 肖珑,赵亮．中文元数据概论与实例．北京:北京图书馆出版社(今国家图书馆出版社),2007
5. 顾犇译．国际标准书目著录(统一版)．北京:北京图书馆出版社(今国家图书馆出版社),2008
6. 国家标准化管理委员会．《测绘制图资料著录规则》(GB/T 3792.6—2005)．北京:中国标准出版社,2005
7. 富平,黄俊贵．中国文献编目规则(第二版)．北京:北京图书馆出版社(今国家图书馆出版社),2005
8. 国家图书馆．新版中国机读目录格式使用手册．北京:北京图书馆出版社(今国家图书馆出版社),2004
9. 全国文献工作标准化技术委员会第六分委员会译．ISBD(CM)测绘制图资料国际标准书目著录(2版)．北京:书目文献出版社(今国家图书馆出版社),1991
10. 苏品红,陆希泰．测绘制图资料机读目录格式使用手册．北京:北京图书馆出版社(今国家图书馆出版社),2004
11. 苏品红．《测绘制图资料机读目录格式使用手册》编写说明．文津流觞,第8期
12. 宁津生等．测绘学概论．武汉:武汉大学出版社,2008
13. 余定国．中国地图学史．姜道章译．北京:北京大学出版社,2006
14. 金应春,丘富科．中国地图史话．北京:科学出版社,1984
15. 尹贡白等．地图概论．北京:测绘出版社,1991
16. 陆漱芬．地图学基础．北京:高等教育出版社,1987
17. 北京图书馆善本特藏部舆图组．舆图要录．北京:北京图书馆出版社(今国家图书馆出版社),1997

后　记

2009年7月，国家图书馆以单一来源采购的形式，委托北京大学图书馆负责承担《国家数字图书馆工程专门元数据标准与著录规范——拓片、舆图、古籍》项目的研制任务，2010年10月14日双方正式签订合同。为此，北京大学图书馆成立了以副馆长肖珑为总负责人的课题组，下分拓片、舆图、古籍三个项目组，具体实施项目的研制工作。其中《国家数字图书馆工程专门元数据标准与著录规范——舆图》项目组的人员组成为：

组长：姚伯岳

成员：沈芸芸、刘秀文、李雄飞、王燕均

国家图书馆则在2007年9月成立《国家数字图书馆工程专门元数据标准与著录规范——古文献》甲方项目组，负责古籍、舆图、拓片、家谱及甲骨等五个古文献类元数据标准和著录规范研制的需求提出、研制配合、成果文本修改等工作。该项目组组成为：

组长：苏品红

成员：谢冬荣、鲍国强、冀亚平、王荟、卢芳玉、白鸿叶、孙俊、申军

虽然本项目已经有了科技部科技基础性工作专项资金重大项目《我国数字图书馆标准规范建设》的子项目《舆图元数据标准》的研究成果作为基础，但由于《国家数字图书馆工程专门元数据标准与著录规范》项目更为全面完整的要求，在项目研制过程中还是遇到了各种出乎意料的难题，为此，项目组在项目需求的交流和确认、技术方案的选择等方面做了充分的工作，并调研众多元数据应用方案和实例，与馆内外专家进行深入的研究探讨，投入大量时间和精力。下面是《国家数字图书馆工程专门元数据标准与著录规范——舆图》项目研制过程记略：

- 2009年11月11日，北京大学图书馆召开舆图、舆图、拓片项目组第一次会议，进行项目分工、进度安排等。
- 2009年12月15日，北京大学图书馆项目组到国图调研舆图资源的收藏和整理情况。
- 2010年5月18日，北京大学图书馆项目组向国图项目组提交初稿。
- 2010年12月17日，国图项目组对初稿提出反馈意见。
- 2011年3月4日，北京大学图书馆项目组向国图项目组提交第一次修改稿。
- 2011年4月26日，国图项目组对第一次修改稿提出反馈意见。

- 2011 年 5 月 4 日，双方项目组就古籍、舆图、拓片元数据标准修改事宜召开交流会进行深入沟通交流。
- 2011 年 8 月 19 日，北京大学图书馆项目组向国图项目组提交第二次修改稿。
- 2011 年 9 月 30 日，国图项目组对第二次修改稿提出反馈意见。
- 2011 年 11 月 25 日，北京大学图书馆项目组向国图项目组提交第三次修改稿。
- 2012 年 2 月 16 日，国图项目组对第三次修改稿提出反馈意见。
- 2012 年 3 月 28 日，北京大学图书馆项目组向国图项目组提交第四次修改稿。
- 2012 年 3 月 30 日，国图项目组验收通过，并提出修订意见。
- 2012 年 4 月 18 日，北京大学图书馆项目组向国图项目组提交第五次修改稿。
- 2012 年 5 月 23 日，国家图书馆业务管理处组织召开馆内专家验收会，验收合格，专家同时提出了修订意见。
- 2012 年 8 月 7 日，北京大学图书馆项目组修改完成第六次修改稿并提交到网上公示。
- 2012 年 10 月 30 日，北京大学图书馆项目组根据网上公示意见修改完成第七次修改稿并提交业界专家验收。
- 2012 年 11 月 8 日，国家图书馆业务管理处组织召开业界专家验收会，验收通过。
- 2013 年 1 月 29 日，北京大学图书馆项目组提交项目成果最终稿。
- 2013 年 3 月，北京大学图书馆项目组递交归档文档，项目结项。

屈指算来，《国家数字图书馆工程专门元数据标准与著录规范——舆图》项目的研制共四历寒暑，前后八易其稿，最终圆满完成，达到了预期目标。

感谢北京大学图书馆朱强馆长，在本项目申报及研制过程中，他都给予了热情的鼓励与支持。

感谢国家图书馆的谢强、富平、周晨、赵悦、董馥荣等诸位先生，他们从不同角度提出的建议和帮助使得本项目的研究成果更经得起检验。

特别要感谢国家图书馆业务管理处的王文玲、胡昱晓两位同志，四年来他们信使般的服务，为北京大学图书馆项目组、国图项目组和各位专家搭建了沟通联系的桥梁，将项目的进程不断推向纵深。

感谢中国科学技术信息研究所沈玉兰研究员、中国人民大学清史研究所华林甫教授、中国科学院自然科学史研究所汪前进研究员、北京师范大学信息管理系耿骞教授、清华大学图书馆科技史暨古文献研究所刘蔷研究员，他们作为业界专家所给予的指导和批评意见保证了该项目研究成果的质量。

编者
2013 年 5 月 31 日